市町村合併の財政論

高木　健二
地方自治総合研究所研究員

地方自治土曜講座ブックレットＮｏ．９３

はじめに

今回の市町村合併と地方財政の関係について、第27次地方制度調査会の西尾試案、「中間報告」、三位一体改革と関連した交付税見直しなどを手がかりに考えてみたいと思います。

実は西尾私案には「基礎的自治体が極力都道府県に依存せず、住民に対するサービスを自己財源により充実させていくためには、基礎的自治体の規模はさらに大きくなることが望ましい」という表現がありました。これは、市町村合併を求める理念のトップに掲げられていました。私もその問題点について批判しましたが、「中間報告」ではこの表現は全部削除になりました。しかし地域で合併推進に熱心な経済人などの間には、合併すると自主財源（地方税）が増えて、自治体の財政的体力がつくというような錯覚と幻想は依然として残っていますので、まずその点を問題にしていきたいと思います。

Ⅰ　自治体規模と地方財政

1　市町村合併で財政規模は拡大するが、自主財源は増えるわけではない

すべての町村人口規模と住民一人あたりの地方税を比較した表をつくってみました（表1）。そうすると、一万人を超えるあたりからなんとなく比例的な関係があるように観察されます。これだけを見ると、合併して規模を拡大すれば自己税源（地方税）が増えるかのように思われます。次に都市について同じように見てみると（表2）、比例関係が若干あるようにも観察されますが、それよりは都市は一様に豊かであることの方が目立っております。さらに都道府県について見てみると（表3）、比例関係はほとんど観察できません。都道府県の半分程度では、住民一人あたりの地方税は一万人を超えた町村あたりと同じ程度の水準だということです。

財政が豊かな神奈川県とか愛知県の町村について見ると（表4・5）、人口規模が大きくなるにつれて住民一人あたりの地方税が拡大する傾向というよりは、むしろ一様に豊かであることが観察されます。一方、財政的に豊かではない宮城県、三重県、北海道、長野県、高知県などを見る

と（表6～10）、規模の大小にかかわらず一様に貧しいことがわかります。したがって、合併して規模を拡大すると地方税が増えて自己財源によって住民サービスがまかなえるという西尾私案の前提はここで崩れているといえるのではないかと思います。そのために、中間報告ではこの部分は削除になったということだと思います。総務省の官僚が見ればそのようなことはありえないということはすぐ分かるわけです。しかし合併を求めるこのような理念の重要な部分が削除になっても合併推進の基調が変わらないというのもおかしなことで、この種の理屈はとってつけたものに過ぎないのでしょうか。

次に、人口の伸び率（１９６５年対２００１年）を都道府県、市、町村について見ると（表11）、

表1　町村人口規模と住民1人あたり地方税

人口規模	住民1人あたり地方税
1千人未満	166
1～2千人	110
2～3千人	97
3～4千人	78
4～5千人	85
5～6千人	91
6～7千人	97
7～8千人	96
8～9千人	97
9千～1万人	99
1～2万人	103
2～3万人	111
3～4万人	127
4～5万人	135
6万人未満	147

出所）2000年度市町村別決算状況調（総務省）

表2　都市の人口規模と自主税源の比較

人口規模	住民1人あたり地方税
2万人未満	85
2～3万人	103
3～4万人	129
4～5万人	139
5～6万人	141
6～7万人	148
7～8万人	95
8～9万人	131
9～10万人	169
10～15万人	151
15～20万人	153
20～25万人	144
25～30万人	142
30～35万人	154
35～40万人	151
40～45万人	155
45～50万人	73
50～60万人	166
60～70万人	83
70～100万人	146
100万人以上	213

出所）2000年度市町村別決算状況調（総務省）
注）人口は2001年度住民基本台帳人口、単位は千円、自主税源は地方税

表3　住民1人あたり地方税（都道府県）

県名	人口規模	地方税	1人あたり地方税
鳥取	617,078	66,224,679	107
島根	762,144	79,251,591	104
高知	817,869	77,317,994	95
福井	828,039	116,475,048	141
徳島	831,241	95,878,673	115
佐賀	882,639	95,467,098	108
山梨	886,077	110,156,483	124
香川	1,033,248	123,785,252	120
和歌山	1,087,614	107,200,178	99
富山	1,124,414	133,635,567	119
石川	1,176,601	148,828,068	126
宮崎	1,184,535	107,346,351	91
秋田	1,197,566	114,163,637	95
大分	1,234,429	121,709,039	99
山形	1,241,364	125,205,807	101
沖縄	1,334,122	95,726,976	72
滋賀	1,334,621	169,927,800	127
岩手	1,421,796	141,564,276	100
奈良	1,448,533	136,499,503	94
青森	1,497,036	142,247,665	95
愛媛	1,508,842	153,288,011	102
長崎	1,527,398	125,285,052	82
山口	1,528,944	175,677,657	115
鹿児島	1,783,231	163,959,320	92
三重	1,858,890	235,803,404	127
熊本	1,870,416	174,934,859	94
岡山	1,957,529	218,498,498	112
栃木	2,003,283	251,849,472	126
群馬	2,019,726	247,783,668	123
岐阜	2,109,804	251,405,051	119
福島	2,133,396	246,577,024	116
長野	2,204,498	275,823,350	125
宮城	2,347,166	269,659,934	115
新潟	2,476,900	279,002,161	113
京都	2,563,205	309,403,080	121
広島	2,872,196	330,847,646	115
茨城	2,995,583	249,182,087	83
静岡	3,764,058	506,681,624	135
福岡	4,979,227	533,823,466	107
兵庫	5,537,365	607,911,550	110
北海道	5,675,309	629,622,505	111
千葉	5,920,398	634,807,554	107
埼玉	6,898,219	699,547,642	101
愛知	6,935,031	1,058,597,875	153
神奈川	8,425,783	987,730,128	117
大阪	8,628,601	1,162,735,752	135
東京	11,818,845	4,267,000,196	361

出所）2000年度都道府県別決算状況調（総務省）より作成、単位／千円

表７　町村人口規模と住民１人あたり地方税（三重県）

人口規模	住民１人あたり地方税
２千人未満	61
２～４千人	96
４～５千人	81
５～６千人	81
６～７千人	131
７～８千人	121
８～９千人	104
９千～１万人	102
１万～２万人	129
２万～３万人	100
３万人以上	117

出所）2000年度市町村別決算状況調（総務省）
単位／千円

表８　町村人口規模と住民１人あたり地方税（北海道）

人口規模	1人あたり地方税
1～2千人未満	130
2～3千人	127
3～4千人	72
4～5千人	81
5～6千人	104
6～7千人	80
7～8千人	65
8～9千人	87
9千人～1万人	92
1～2万人	96
2～3万人	97
3～4万人	88
4万人以上	96

出所）2000年度市町村別決算状況調（総務省）
単位／千円

表４　町村人口規模と住民一人あたり地方税（神奈川県）

町村人口規模	住民１人あたり地方税
１万人未満	134
１万～２万人	212
２万～３万人	153
３万～４万人	144
４万人以上	187

出所）2000年度市町村別決算状況調（総務省）
単位／千円

表５　町村人口規模と住民１人あたり地方税（愛知県）

人口規模	住民1人あたり地方税
1千人未満	100
1～3千人	200
3～4千人	158
4～5千人	322
5～6千人	110
6～8千人	172
8～9千人	140
9千人から1万人	145
1～2万人	158
2～3万人	129
3～4万人	158
4万人以上	178

出所）2000年度市町村別決算状況調（総務省）
単位／千円

表６　町村人口規模と住民１人あたり地方税（宮城県）

町村人口規模	住民１人あたり地方税
１～２千人未満	70
２～３千人	286
３～４千人	69
４～５千人	70
５～６千人	64
６～７千人	96
７～８千人	71
８～９千人	82
９千～１万人	86
１万～２万人	96
２万～３万人	107
３万人以上	100

出所）2000年度市町村別決算状況調（総務省）
単位／千円

表９　町村人口規模と住民１人あたり地方税（長野県）

人口規模	住民１人あたり地方税
１千人未満	123
１～２千人	96
２～３千人	112
３～４千人	152
４～５千人	77
５～６千人	87
６～７千人	96
７～８千人	95
８～９千人	102
９千～１万人	127
１～２万人	138
２～３万人	130
３万人以上	128

出所）2000年度市町村別決算状況調（総務省）
単位／千円

表10　町村人口規模と住民１人あたり地方税（高知県）

人口規模	1人あたり地方税
1千人未満	369
1～2千人	76
2～3千人	67
3～4千人	66
4～5千人	68
5～6千人	83
6～7千人	78
7～8千人	55
8～9千人	
9千人～1万人	
1～2万人	76
2～3万人	88

出所）2000年度市町村別決算状況調（総務省）
単位／千円

東京を中心とした関東圏、静岡・愛知の中部圏、大阪中心の関西圏では伸び率が高く、あとの北海道、東北、中国、四国、九州は都道府県レベルで見た伸び率は非常に低い。長崎県、鹿児島県、山口県、島根県、山形県、秋田県では人口減となっています。都道府県内の人口の伸び率を都市と町村で比較すると、町村は全国的に二桁台の人口減が続いていて、それが県内では都市に集中していることがわかります。さらに、都市の人口の伸び率の中身を見ると、例えば北海道ではおそらく札幌が中心であるというように、だいたい政令指定都市のあるところに人口が集中していることが考えられます。これが戦後の「均衡ある国土の発展」を一貫して掲げてきた国土開発政策の破綻を示していることになります。今回の市町村合併はマクロでは、こうした東京などへの

表11　県、市、町村人口の伸び率比較（1965年対2001年）

	都道府県の人口伸び率	市の人口伸び率	町村の人口伸び率
北海道	10%	47%	-41%
青森	6%	25%	-17%
岩手	1%	21%	-20%
宮城	34%	81%	-11%
秋田	-16%	22%	-28%
山形	-2%	14%	-28%
福島	8%	38%	-23%
茨城	46%	85%	13%
栃木	32%	44%	13%
群馬	26%	31%	18%
埼玉	129%	213%	-14%
千葉	119%	199%	-26%
東京	9%	13%	-83%
神奈川	90%	98%	5%
新潟	3%	20%	-18%
富山	10%	15%	0%
石川	20%	29%	5%
福井	10%	23%	-9%
山梨	16%	9%	23%
長野	13%	37%	-15%
岐阜	24%	39%	5%
静岡	29%	43%	-4%
愛知	45%	54%	10%
三重	23%	36%	2%
滋賀	56%	130%	6%
京都	22%	31%	-16%
大阪	30%	33%	-34%
兵庫	28%	38%	-8%
奈良	75%	115%	19%
和歌山	6%	14%	-5%
鳥取	6%	28%	-16%
島根	-7%	9%	-26%
岡山	19%	50%	-25%
広島	26%	70%	-35%
山口	-1%	9%	-25%
徳島	2%	26%	-15%
香川	15%	25%	4%
愛媛	4%	27%	-28%
高知	1%	19%	-24%
福岡	26%	42%	-10%
佐賀	1%	6%	-4%
長崎	-7%	4%	-20%
熊本	6%	25%	-13%
大分	4%	34%	-36%
宮崎	10%	25%	-13%
鹿児島	-4%	17%	-22%
沖縄	30%	32%	26%

注）沖縄は１９７４年（昭和４９年）との比較
出所）地方財政統計年報（総務省）より作成

一極集中と大都市への集中、町村部の過疎化を町村部自らが一段と加速することになると考えられます。

このように人口集中のある都道府県あるいは大都市においては地方税のウエイトは高くなります。したがって合併によって地方税のウエィトを高めるには、町村を解体的に再編して大都市への人口集中を図ればよいということになります。人口と情報が集中すれば企業は自然と集まってきて、ビジネスチャンスが拡大し、中堅勤労者、高所得者が多くなり、地方税のウエィトが高まるのは当たり前です。しかし、はたして合併によって都市部への人口集中を人為的に図れるのかというと、当然それは不可能なわけです。合併をして財政基盤を拡大すると自己税源が増えるという幻想がありますが、そういうことはないということです。つまり合併をする場合でもしない場合でもこうした幻想を一切払拭してシビアに取り組む必要があるということです。ましてやこうした幻想を住民に振りまいてはならない、住民のみなさんにもこのシビアな現実を受け入れてもらう必要があるわけです。

2　自治体規模が拡大すれば財政効率が上がるとは限らない

次に、自治体規模が拡大すれば財政効率が上がるのかという問題です。西尾私案にしても「中間報告」にしても、今後の国・地方の財政状況は厳しい、特に市町村をとりまく財政状況は厳しいということで、一段と財政効率を図ることが必要だと強調していますが、それについて検証してみましょう。

バブル崩壊後の景気対策の中で、地方の単独事業でハコモノづくりが目立って、一億円を投入して温泉づくりをしたなどということがメディアで報道されたりするので、都市部の住民にはなんとなく市町村、特に町村は乱脈的な財政運営をやっているかのような印象があります。そこで、町村財政の収支、歳入・歳出状況を都市、都道府県と比較してみます（表12）。

例えば赤字か黒字かを表す指標の実質収支比率では町村が５・４でいちばん健全であり、公債費負担比率も都道府県、大都市に比べると１７・５と健全、公債費比率も起債制限比率、経常収

公債費比率（%）	起債制限比率（%）	経常収支比率（%）	うち人件費（%）	うち公債費（%）
14	9	81	28	20
15	11	84	31	17
18	14	89	29	21
15	11	79	28	18
15	12	82	30	17
17	12	87		

注）10%程度が標準　注）20%以内　注）町村で70%、都市で75%、県で80%が標準

1人あたり国庫支出金（千円）	都道府県支出金（千円）	1人あたり県支出金(千円)	地方債（千円）	1人あたり地方債（千円）
30	977,291,786	36	1,301,665,189	48
39	1,374,723,742	14	3,314,223,569	34
63	143,883,234	8	1,151,817,569	60
42	109,525,739	9	424,842,842	36
37	31,885,352	14	63,353,123	27
76			6,268,158,545	50

注）都市（1.3兆円のうち0.67兆円が国庫財源、0.71兆円が県費）
注）都道府県支出金のうち国庫財源56.3%、都道府県費43.7%

1人あたり公債費(千円)	投資的経費（千円）	1人あたり投資的経費（千円）	地方債現在高（千円）	1人あたり地方債現在高（千円）
63	3,513,404,235	128	13,981,766,533	511
43	7,664,486,572	78	41,984,024,343	425
67	2,190,596,472	115	15,222,525,527	795
44	1,041,260,852	89	4,857,711,528	415
40	167,224,798	72	836,306,790	360
49	13,736,243,123	109	67,330,090,173	533

注）都道府県は普通建設事業費　出所）2000年度都道府県、市町村別決算状況調（総務省）

支比率もいちばん低く、人件費の割合もいちばん低い。財政規模の大小にかかわらず、町村の財政運営は健全になされているということがわかります。町村だけをターゲットにして財政効率を求めるような「中間報告」などの論調はいかがなものかということがいえると思います。

よく一部の財政学者が自治体の財政効率を図るために自治体の人口規模と人口一人あたりの歳出を比較して表をつくります。そうすると、人口20～30万人あたりがU字型グラフのいちばん底辺になって、その規模にすれば歳出が効率化して低くなるという論拠になっています。しかし、そういう人は30万人を超えると財政が非

表12　町村財政の収支、歳入・歳出状況

表1.収支状況

	住基人口（人）	歳入総額（千円）	歳出総額（千円）	実質収支比率（%）	公債費負担比率（%
町村	27,382,997	13,867,883,167	13,323,099,143	5	18
都市	98,901,808	38,123,680,679	37,127,682,786	4	15
（大都市）	19,140,217	10,003,902,568	9,866,504,428	0	18
（中核市）	11,720,991	4,419,778,135	4,275,377,563	3	16
（特例市）	2,322,590	822,822,359	801,518,778	3	16
都道府県	126,284,805	54,414,877,935	53,399,328,341	0	19
				注）5%程度が標準	注）15%程度が標準

表2.歳入状況

	地方税（千円）	1人あたり地方税（千	普通交付税（千円）	1人あたり交付税（千円）	国庫支出金（千円）
町村	2,918,021,820	107	4,693,306,080	171	808,567,321
都市	15,172,290,355	153	4,204,949,110	43	3,845,462,105
（大都市）	3,890,371,744	203	868,940,077	45	1,196,402,094
（中核市）	1,854,030,212	158	524,747,071	45	494,731,060
（特例市）	364,758,888	157	83,604,657	36	86,523,704
都道府県	17,456,122,242	138	11,567,654,858	92	9,597,460,452

表3.歳出状況

	人件費（千円）	1人あたり人件費（千	扶助費（千円）	1人あたり扶助費（千円）	公債費（千円）
町村	2,631,237,292	96	493,437,687	18	1,722,760,957
都市	7,769,981,277	79	4,205,203,922	43	4,288,913,262
（大都市）	1,697,443,412	89	1,161,021,627	61	1,272,026,096
（中核市）	830,486,863	71	525,297,800	45	510,308,232
（特例市）	170,936,868	74	91,892,796	40	93,680,456
都道府県	15,791,463,734	125	1,392,018,538	11	6,211,270,413

注）住民1人あたり

図1　住民1人あたり歳出比較

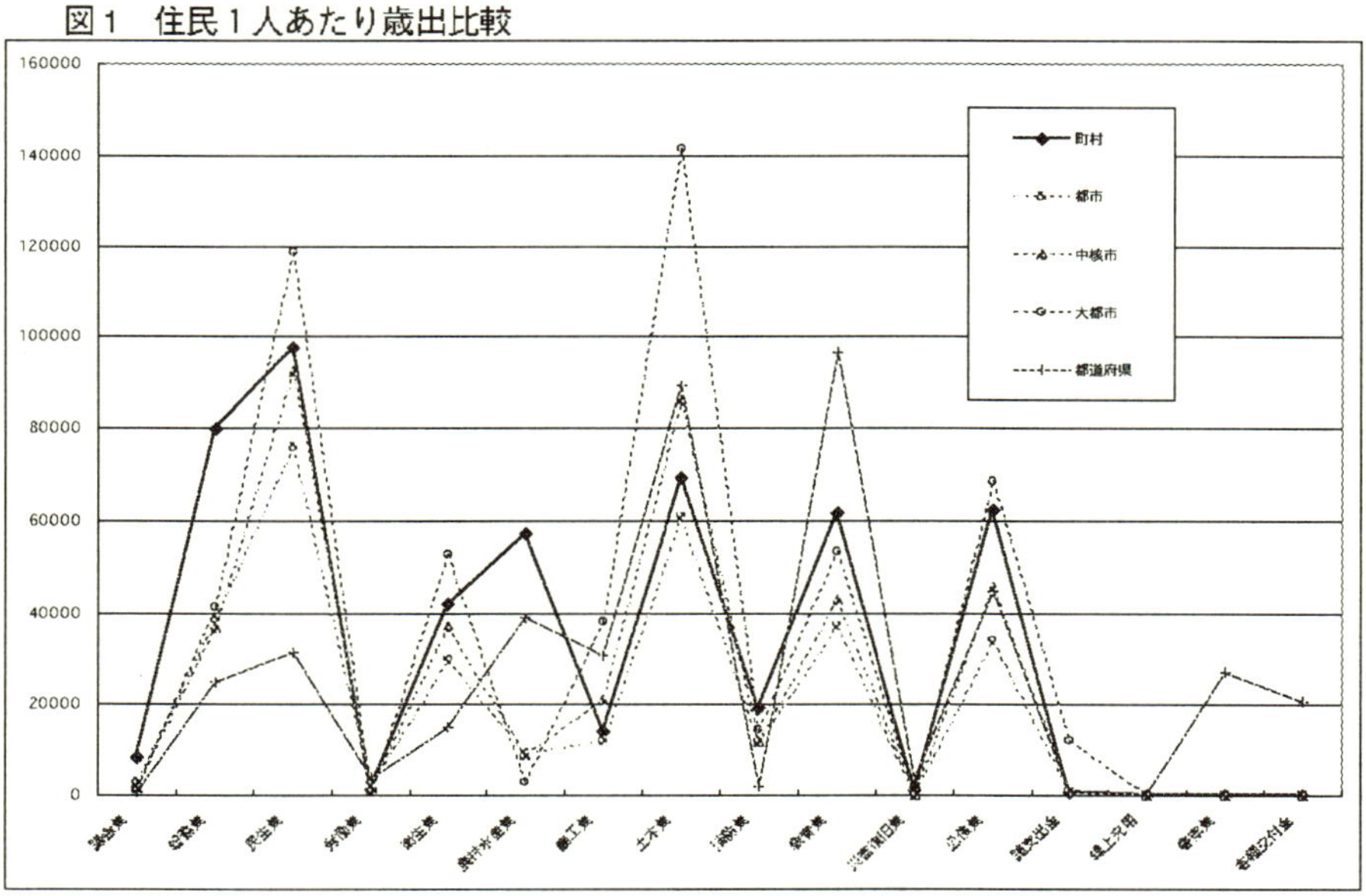

出所）2001年度地方財政統計年報（総務省）より作成、単位／千円

効率になっている結果については何もいいません。30万人以上の中核市や大都市では財政上は非効率な結果が出ているわけですから、本来ならそこは解体して20～30万人規模にしなければいけないという議論になるはずです。そういう指摘もしないのはアンフェアなことです。

そこで、町村、都市、中核市、大都市、都道府県の人口規模ごとに住民一人あたりの歳出比較図をつくってみました（図1）。一般には都市部の住民には町村が非効率な行政運営をしているというイメージがあるわけですが、これを見るとそうではないことは明らかです。むしろ大都市など規模が大きい自治体のほうが住民一人あたりの歳出で見ると非常に非効率になっている。私は財政効率論者ではありませんので、だからいけないということをいうつもりはありませんが、財政効率論の立場から検証してみても、規模が大きくなれば財政効率がよくなるという結論になっていないということをいいたいわけです。

このグラフでは、警察費は都道府県がいちばん高いわけですが、これは他の自治体はやっていないので当然のことです。農林水産費は町村がいちばん高いのですが、これは都道府県、市町村の役割分担に基づいて事務を遂行しているだけの話であって、その結果がこういうふうに出てくるわけです。つまり、国が地方に対する歳出の7割を義務付けているといわれていて、歳入についても地方税法による歳入統制がかかっていますので、どうしてもこういう結果になるのです。

本当の意味で住民一人あたりの歳出の効率を計るとすれば、歳入・歳出面にわたる国の統制を完全に排除して自由化したうえでないと、正確な効率論は成立しないと考えられるわけです。

II 「中間報告」と財政特例措置

1　合併特例法失効に伴う地方財政措置の廃止

次に、「中間報告」における地方財政に関係する部分を検証してみたいと思います。一つは、今の合併特例法が失効すると、特例法に掲げられている地方財政措置は基本的に廃止になります。合併特例債、合併補正、特別交付税措置、合併算定替え等は、２００５年3月末で基本的に廃止となる。特例法の延長という話も出ていますが、その場合でもこうした財政措置は廃止になると思います。もっとも、合併算定替えをどうするかということについては議論としては残っているようですが、合併特例債を中心にした措置が廃止となるのは確実なところです。

ただし、特例法が失効するまでに合併申請の手続きを終えたものについては、引き続きこうした財政措置を継続するということになっています。これが入ったものですから、一部では駆け込み合併を促進させていくのではないかと予想されますし、一方で慎重な議論をしているところでは、見切りをつけて引き続き頑張っていこうということになって、二極分解が出てくるのではないかという印象を持ちます。

2　地域自治組織の財政

申請編入をした場合、二つのタイプの地域自治組織がつくられます。一つは特別地方公共団体タイプで、もう一つは行政区タイプです（図2の1、図2の2）。この地域自治組織の財政措置は、基本的には基礎的自治体からの移転財源で運営するということですから、基礎的自治体から補助金等の交付を受けて担当する事務を執行していくことになります。

その他、住民に対する分担金とか使用料・手数料等も取れるのではないかという議論も一部では出ていますが、地域自治組織は強制的に全員が加入しますので、特定の受益に応じて徴収する分担金、使用料・手数料等は住民全員は対象とならない、特定の受益者が対象となるということですから簡単にはいきません。また、寄付等の税外負担は戦後、地方交付税の基準財政需要額に算入されて基本的に整理されてきた経過がありますので、これもそう簡単に税外負担を徴収するわけにはいかない事情もあります。

したがって、地域自治組織がどういう仕事をするのかということには関係なく、基本的には基

図 2-1

西尾私案

2002.11.1

①都道府県に依存せず、住民サービスを自己財源で充実させるため規模を拡大する。
②福祉、教育、まちづくりなど市が処理する程度の事務を処理できる体制を構築する。
③国土の大半を基礎的自治体で、できる限りカバーする体制を目指す。
④従来発想と異なり、3 年間程度、強力合併を進める。基礎的自治体の人口規模を設定し、それ以下の市町村を解消する。都道府県や国が合併を推進する（合併の推進主体は市町村ではない）。財政支援策によらずに合併を推進する。

（自動・強制合併）

（非合併・申請移行）
（一定期間経過後）

（強制編入）
（一定期間経過後）

基礎的自治体

・市以上
・人口〇〇万人以上
（人口要件以外も考慮）
・町村制の廃止
・市町村の要件の見直し
・自治組織(任意設置)
（法人格の有無は検討）

事務配分特例自治体

・人口△△未満の団体
（申請で移行する）
・人口△△未満のうち〇〇未満
a）この自治体に移行
b）他の団体と合併
・法令の義務付けのない自治事務の一般的処理
・組織・職員等は極力簡素化
・長、議会（又は町村総会）の設置
・議員は原則、無給
・助役・収入役・農業委員会の廃止
・自治組織（任意設置）
（法人格の有無は検討）

連合的基礎的自治体

内部団体

・人口××未満の団体
・一定期間内に編入
・編入先の内部団体化
・旧町村名の名称も可
・編入先は当該市町村の意見を聴く
・都道府県知事が議会の議決で決定（当該団体の意思にかかわらず）
・事務は原則、法令の義務づけを解除
・組織の大幅な簡素化
・財源は内部団体の住民・法人格を有する

・編入先の基礎的自治体は複数の市町村を包括した連合的自治体
・基礎的自治体の条例で内部団体の事務、組織を定める
・基礎的自治体から内部団体への財源移転は可

都道府県の垂直補完

・窓口サービス等通常の基礎的自治体に法令上義務づけられた事務のうち当該団体に義務づけられなかった事務を義務づける
・都道府県の当該事務処理責任の下、以下の方法を選択する
a）近隣の基礎自治体への委託
b）広域連合処理
c）直轄処理

（垂直補完）

注）事務配分特例方式か内部団体方式か、両方式の併用かは検討する。合併後人口が一定規模に満たない場合は、この対応を一定期間、猶予する。

図 2-2

中間報告

2003.4.30

①住民に身近な総合的行政主体として、適切な役割分担の下に自立することが必要であり、十分な権限と財政基盤を有し専門職種を含む職員集団を有するよう、基礎的自治体の規模・能力をさらに充実強化する。
②大半の国民がこの基礎的自治体の住民となる。福祉、教育、まちづくりなどの事務は、基礎的自治体で処理できる体制を構築する。
③ 合併特例法の失効後、新法制定により一定期間、さらに自主的合併を促す。合併の障害除去の特例を定め、財政支援措置はとらない。失効時までに合併申請を終えたものは、引き続き財政支援措置を適用する。

（斡旋・勧告合併）

（非合併）
（一定期間経過後）

（勧告合併）
（申請編入）
（一定期間経過後）

基礎的自治体
・都道府県が合併構想を策定
・都道府県の斡旋、勧告で自主合併を推進
・合併目標の明確化のため法律上の人口規模要件を検討、人口要件以外も検討
・合併に関わらず地域自治組織の設置（任意）を検討

事務配分特例団体
・基礎的自治体として求められる自治体経営の基盤を備えない市町村は、組織機構を簡素化する。その上で、
・法令の義務付けのない自治事務の一般的処理
・法令による義務づけのある事務はその一部のみを処理
・それ以外の事務は都道府県に処理を義務づける

包括的基礎的自治体

地域自治組織
・市町村の自主的判断で設置（旧市町村を単位）、基礎的自治体の事務のうち地域協同的事務を処理
・都道府県知事は地域自治組織の設置、包括的基礎的自治体の形成を勧告
・市町村は、包括的基礎的自治体の地域自治組織となるよう都道府県に申請できる
・知事は関係市町村の意見を聴き、県議会の議決で、いずれかの基礎的自治体の地域自治組織となることを決定

二つの地域自治組織から選択
①行政区タイプ（無法人格、長は選任、委員は公選又は総会で選出）
②特別地方公共団体（有法人格、長は互選又は選任、議員は公選又は総会）
・財源は移転財源と住民負担

都道府県の垂直補完
・事務配分特例団体が処理できない事務を処理する

（垂直補完）

斡旋・勧告も受けず、申請編入もしない非合併市町村

従来どおり市町村として存続

礎的自治体からの補助金・交付金が中心とならざるを得ないということで、地域自治組織にあまり過大な幻想をもって、何らかの形で住民負担をとってやっていこうというような拡大した形では考えられないと言ってよろしいかと思います。

いずれにしても、他の地域が税で運営しているのに、そこだけ分担金でやることはたぶんできないでしょうし、交付税の基準財政需要額に算入されている経費について分担金を取ることもできないでしょう。道ぶしんなども道路費に維持管理費として算入されているわけです。そういうことを考えると非常に狭い範囲の財源とならざるを得ないのではないかと考えられます。

3　事務配分特例団体

西尾私案では事務配分特例「自治体」となっていますが、「中間報告」では事務配分特例「団体」となってしまったので、議会も設置されるかどうか不明ですし、長がそこにつくられるのかどうかも不明になってしまいました。財政措置もどうなるか、これもまったく不明です。一部権限を吸い上げられて窓口業務等に限定された権限しか執行できないような、西尾私案にあるような事務配分特例自治体になるとすれば、それに対する補助金とか交付税は、その事務に応じて交付されたり算入されていきますので、いずれにしても財政的には非常に制限されたものになるものと予測できます。

4　非合併町村

非合併町村については、その存在は西尾私案ではあり得なかったので、事務配分特例自治体になるか基礎的自治体の内部団体になるかしかなかったのですが、「中間報告」によって合併の強制はなくなりました。したがって、非合併町村はそのまま存続することになります。そうなると、そこに対する財政措置は現在行われている第二次の段階補正の見直し（2002年から3年間で2000億円の基準財政需要額のカット）が適用されていく程度で、現行の地方交付税制度、地方財政制度を前提にすればその位の負担覚悟で存続していくことになります。これから交付税制度がどう変わっていくか、「三位一体改革」との関係次第ですが、もし変わっていくとすれば、それは合併しようがしまいがすべての自治体にその影響が及んでくるので、非合併町村にかかってくる交付税の影響は、現在やっている段階補正のカット程度ということになると思います。

Ⅲ　市町村合併と交付税

1　合併特例債と「交付税措置」

そこで、改めて合併問題と交付税の財政措置の問題を考えてみたいと思います。

各地でシミュレーションが出ていますが、大分県の中津市が出したシミュレーションが非常に水準が高いので紹介させていただきます（表13の1、表13の2）。合併特例債は10年かかって発行されるので、10年目に発行すると、その起債の元利償還が15ないし20年と長期になります。したがって、ここでは30年間のシミュレーションとなっているのが特徴です。また、合併特例債の利息は1.8％を前提にしています。

まず歳入欄ですが、合併特例債を約３１０億円としています。事業費のうち95％を地方債による充当とし、あとの５％は一般財源の持ち出しです。歳出欄の下から2番目の蘭を見ると、その調達した特例債によって市町村建設計画の合併特例債対象事業費が約２９０億円あるということで、若干特例債の発行額より下回った額で特例債による事業をやることになります。そして、特例債事業に伴う一般会計の繰出し金が16億円で、これが一般財源5％持ち出し分です。

この合併特例債310億円の元利償還金の70％が交付税の基準財政需要額に算入されます。それを歳入欄で見ると、合併特例債交付税措置①で210億円です。ところが、交付税は合併すると15年後に合併算定替えが終わって、類似団体並みに算定されて徐々に削減されていくことになります。合併した場合には、合併しなかった場合よりも交付税は559億円の減となります。したがって、「交付税措置額」の210億円をはるかに上回って559億円の交付税が将来削減されていくことになります。交付税の損得という面から考えると、合併特例債の交付税措置は損なのか得なのか、中長期で考えると、結論はおのずと明らかであります。

シミュレーションのやり方としては、「交付税措置額」はこういう形で7割算入分が交付されるという形で試算し、計上するしかありませんが、実際は普通交付税は基準財政収入額と基準財政需要額の差ですから、「交付税措置」というのは基準財政需要額に算入するだけで、交付税額に加算するわけではありません。「交付税措置額」は基準財政収入額の動向によっても動きますし、他の基準財政需要額が減ると、合併特例債元利償還の7割算入分が基準財政需要額に算入されても基準財政需要額が丸ごと増えるとは限りません。そうすると、基準財政需要額と基準財政収入額の差し引き計算で行われる普通交付税において、7割分がそのまま増えるとは考えられない。た

表13の1

中津市・下毛郡の合併・非合併における歳入・歳出の比較

◇2005年度から特例債の償還及び交付税措置が終了する2030年度までの累計

	中津市・下毛4ケ町村（05年度から30年度）			
	合併①	非合併②	①−②	
歳入合計	979,447	979,726	△ 278	
一般財源計	605,354	638,008	△ 32,653	
地方税	225,107	225,055	52	
地方譲与税	9,958	9,958	0	
地方交付税	282,352	315,058	△ 32,705	
下毛郡４ケ町村	259,100	175,196	△ 55,957	
中津市		139,862		
臨時財政普通交付税措置②	920	0	920	※
臨時財政特別交付税措置③	590	0	590	※
合併特例債交付税措置①	21,742	0	21,742	※
地方交付税の一本算定額	0	0	0	
その他一般財源	87,937	87,937	0	
国合併市町村補助金	510	0	510	※
県合併市町村交付金	800	0	800	※
その他	372,783	341,718	31,065	※
その他特定財源	341,718	341,718	0	
合併特例債発行	31,065	0	31,065	※

歳出合計	979,447	979,726	△ 278	
人件費	171,821	188,370	△ 16,549	
職員給	118,065	124,930	△ 6,865	
議員報酬	4,252	10,036	△ 5,784	
4役	962	4,862	△ 3,900	
その他	48,542	48,542	0	
扶助費	118,170	118,170	0	
物件費	97,292	97,292	0	
補助費等	66,404	66,404	0	
公債費	143,458	106,964	36,494	※
公債費	106,964	106,964	0	
合併特例債償還金	36,494	0	36,494	※
合併特例債事業に伴う一般会計繰出し金	1,635	0	1,635	※
市町村振興基金の積立	3,170	0	3,170	※
市町村建設計画の合併特例債対象事業費	29,530	0	29,530	※
その他・投資余力	347,967	402,526	△ 54,559	

ぶん半分程度くらいに「交付税措置額」を踏んだほうが安心ではないかというのが、自治体の財政課長あたりの専門家の意見です。もっともこれは自治体ごとの財政力の差によって異なってくるのは当然です。したがって、例えばこの中津市の合併のケースでも、「交付税措置額」の２１０億円はかなりの程度減額されてしか交付税はこないと見ておいたほうがいいということになります。

合併した場合、合併特例債で何の事業をやるかということが決定的な意味をもちます。地域の企業家を含めて官民合わせて真剣な議論をして、合併を契機に自分たちの自治体をどうつくっていくのかというところから出された施策にこのお金が使われていけば、統治団体たる性格を投げ捨てて合併をした意味もあるかもしれませんが、従来どおり市町村の職員だけで考えていると、だいたい誰でも利用できるハコモノ施設をつくって終わりということになりかねません。そうなると、歳出欄には建物の維持管理費は計上されていないので、もしハコモノをつくればここに維持管理費が加算されてくることになります。

合併特例債事業というのは基本的に、合併によって自らの自治体を解散して、将来にわたって交付されるべき交付税を担保に差し出して、それと引き換えに当面借金で事業をさせてもらうという程度のものです。ですから、その借金でやった事業が失敗に終わると、何のために合併したのかということになるわけで、後悔してもすでにそのときには遅いということになります。慎重な議論が求められるところです。

なお、この合併特例債の7割を「交付税措置」しても総務省など国の負担がその分増えるわけではありません。交付税総額はもともと合併しようがしまいがそれに影響されません。地方財政計画で決まった交付税総額の範囲内で、各自治体に配分されるだけです。合併特例債の基準財政需要額算入分が増えれば、その分他の行政費目の基準財政需要額を調整して、交付税総額の範囲内に納まるようにするだけです。

2　段階補正カットの町村への影響

次に交付税の基準財政需要額の算定の際の、段階補正カットの町村への影響です。町村は交付税削減が始まったということで、あまり実証的に検討しないで、このまま将来も交付税が削減されるからということで、今の内に合併してしまおうということで、走っているところが多いので、

図3　段階補正見直し以降の自治体規模別普通交付税の推移・変化（交付団体、一般算定分）

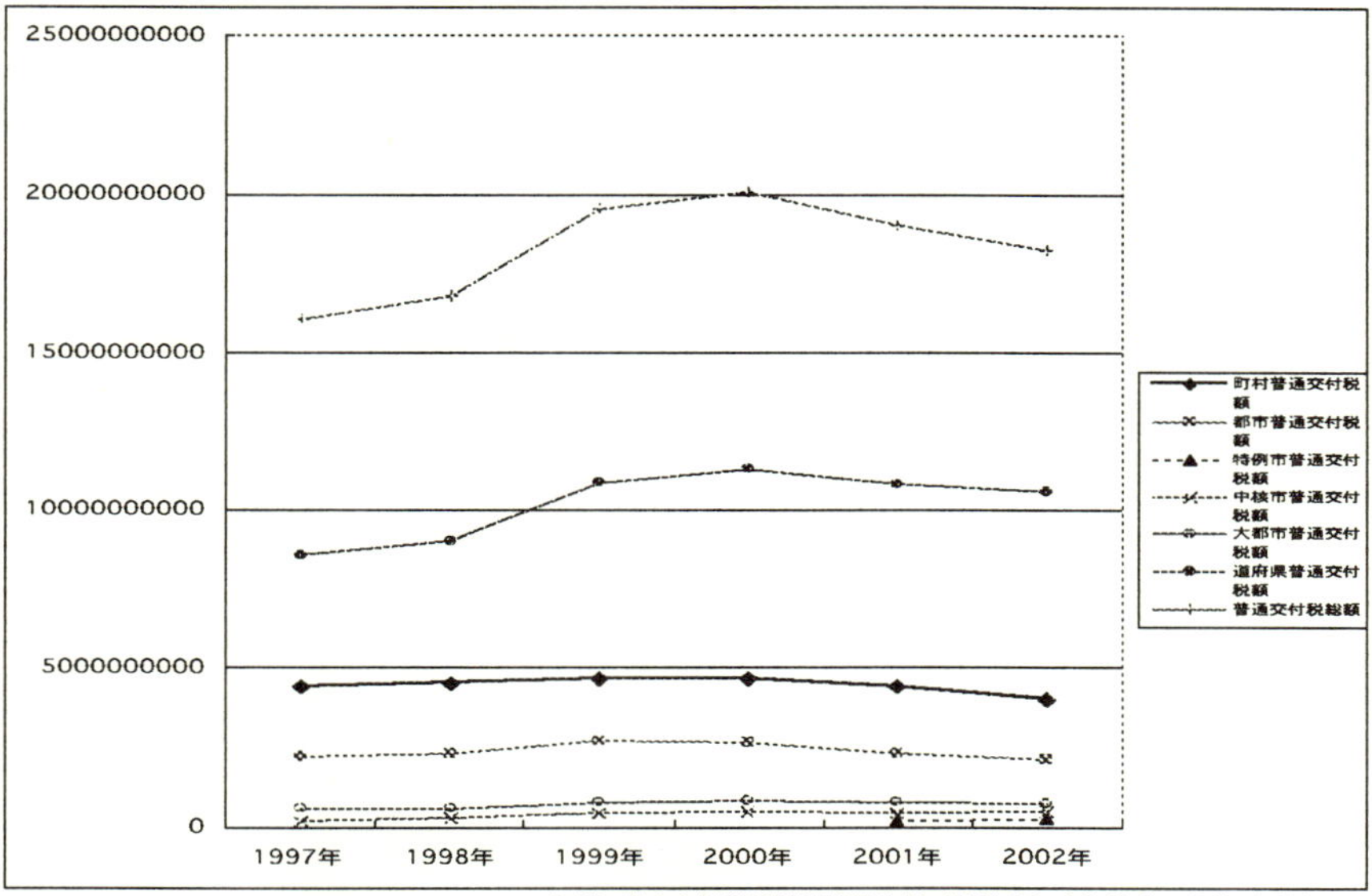

出所）地方交付税等関係計数資料（総務省）より作成、単位／千円

あらためていろいろな角度から検証してみましょう。

第一次段階補正の見直しが始まったのは1998年で、第二次段階補正の見直しが始まったのが2001年です。1998年から2000年までの町村の交付税は減っていません。町村だけでなくて、都市、大都市、都道府県の交付税のいずれも、段階補正の見直しがおこなわれたにもかかわらず、2000年までは減っていません(図3)。後で見るように、一部小規模町村で交付税が減っているのは確かですが、町村全体としてはむしろ交付税は増えています。そうすると、町村全体が交付税の減額を理由にして合併に走ったというのは、明らかに事実

図４　段階補正見直し以降の町村の普通交付税の推移・変化（交付団体、一般算定分）

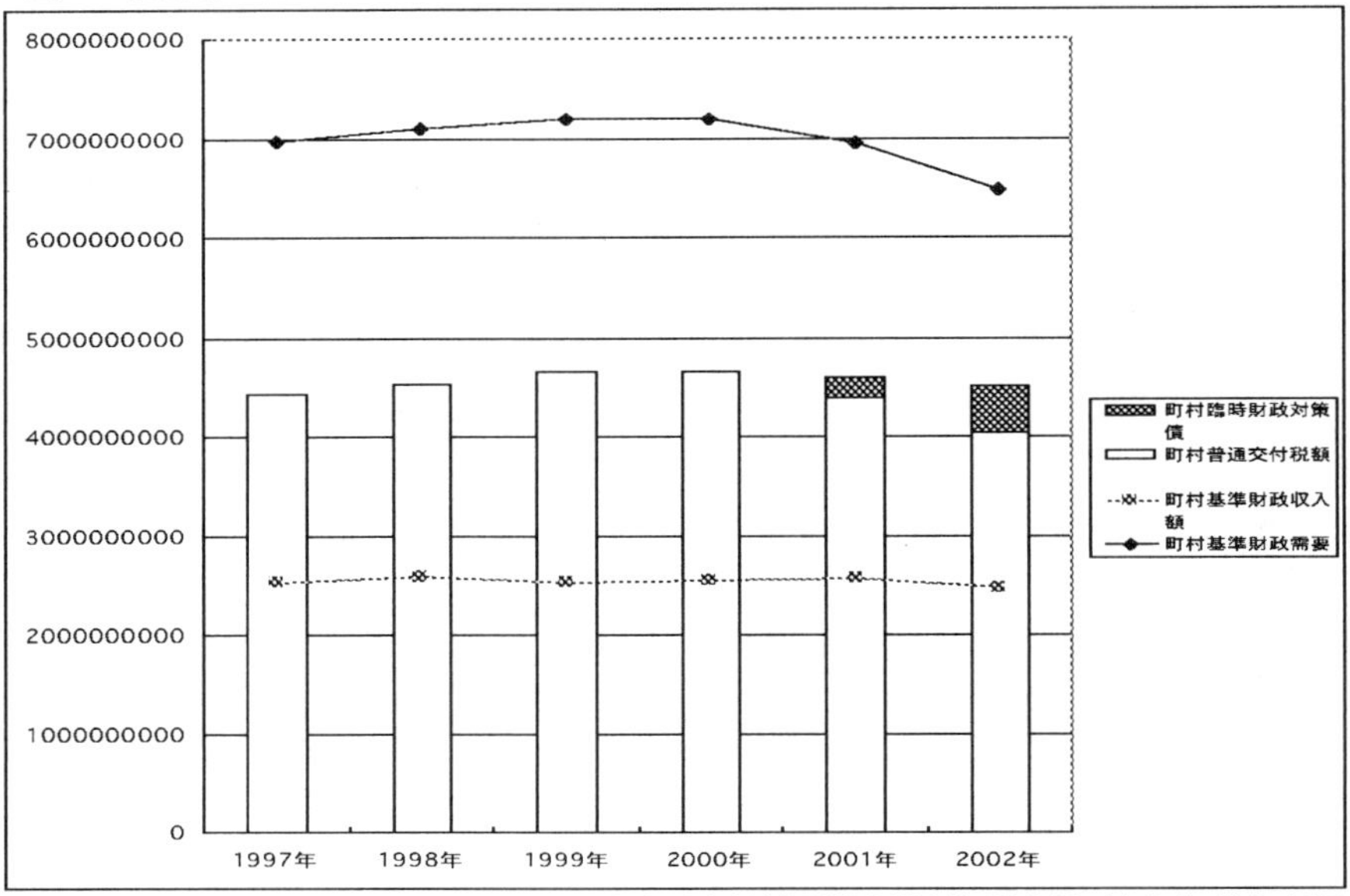

出所）地方交付税等関係計数資料（総務省）より作成、単位／千円

認識の誤りであるといわざるを得ないわけです。これは源平の「富士川の合戦」で、平家方が水鳥の飛び立つ音を源氏方の攻撃と錯覚して、潰走し平家全滅の原因となったことと似ています。

２００１年から町村の交付税は減っていますが、これは本来交付税で交付されるべき分を臨時財政対策債（赤字地方債）に振り替えたことが最大の原因です。したがって、交付税と臨時財政対策債を加算してみますと（図4）、２００２年までは全体として必要財源は確保されているということになります。

町村の伸びがちょっと低いのが気になりますが、なぜそうなるのか検証してみま

表13の2（中津市・下毛郡の合併・非合併における歳入・歳出の推

◆ケース1．合併

区分	2000年度 平成12年度	2001年度 平成13年度	2002年度 平成14年度	2003年度 平成15年度	9年目 24年度 成36年度	20年目 2025年度 平成37年度	21年目 2026年度 平成38年度	22年目 2027年度 平成39年度	23年目 2028年度 平成40年度	24年目 2029年度 平成41年度	25年目 2030年度 平成42年度	2005年か 2030年 合計額
	普通交付税の段階補正等の削減期間				普通交付税の特例なし							
	実績	推計 ⇒										
歳入合計	39,540	38,800	39,001	38,732	34,100	33,935	33,768	33,597	33,423	33,246	33,066	979,44
一般財源計	26,397	25,657	25,858	25,589	20,957	20,792	20,625	20,454	20,280	20,103	19,923	605,35
地方税	8,789	8,789	8,789	8,789	8,617	8,617	8,617	8,617	8,617	8,617	8,617	225,10
地方譲与税	383	383	383	383	383	383	383	383	383	383	383	9,95
地方交付税	13,464	12,724	12,925	12,656	8,675	8,510	8,343	8,172	7,998	7,821	7,641	282,35
下毛郡4ケ町村	7,487	7,110	7,188	7,038	7,641	7,641	7,641	7,641	7,641	7,641	7,641	259,100
中津市	5,977	5,614	5,738	5,618								
臨時財政普通交付税措置②												920
臨時財政特別交付税措置③												590
合併特例債交付税措置①					1,034	869	702	531	357	180	0	21,742
地方交付税の一本算定額	8,490				7,641	7,641	7,641	7,641	7,641	7,641	7,641	
その他一般財源	3,761	3,761	3,761	3,761	3,282	3,282	3,282	3,282	3,282	3,282	3,282	87,937
国合併市町村補助金												510
県合併市町村交付金												800
その他	13,143	13,143	13,143	13,143	13,143	13,143	13,143	13,143	13,143	13,143	13,143	372,783
その他特定財源	13,143	13,143	13,143	13,143	13,143	13,143	13,143	13,143	13,143	13,143	13,143	341,718
合併特例債発行					0	0	0	0	0	0	0	31,065

◆ケース2．非合併

区分	2000年度	2001年度	2002年度	2003年度	2024年度	2025年度	2026年度	2027年度	2028年度	2029年度	2030年度	合計額
歳入合計	39,540	38,800	39,001	38,732	37,541	37,541	37,541	37,541	37,541	37,541	37,541	979,726
一般財源計	26,397	25,657	25,858	25,589	24,398	24,398	24,398	24,398	24,398	24,398	24,398	638,008
地方税	8,789	8,789	8,789	8,789	8,615	8,615	8,615	8,615	8,615	8,615	8,615	225,055
地方譲与税	383	383	383	383	383	383	383	383	383	383	383	9,958
地方交付税	13,464	12,724	12,925	12,656	12,118	12,118	12,118	12,118	12,118	12,118	12,118	315,058
下毛郡4ケ町村	7,487	7,110	7,188	7,038	6,738	6,738	6,738	6,738	6,738	6,738	6,738	175,196
中津市	5,977	5,614	5,738	5,618	5,379	5,379	5,379	5,379	5,379	5,379	5,379	139,862
臨時財政普通交付税措置②		0	0	0	0	0	0	0	0	0	0	0
臨時財政特別交付税措置③		0	0	0	0	0	0	0	0	0	0	0
合併特例債交付税措置①		0	0	0	0	0	0	0	0	0	0	0
地方交付税の一本算定額	0											
その他一般財源	3,761	3,761	3,761	3,761	3,282	3,282	3,282	3,282	3,282	3,282	3,282	87,937
国合併市町村補助金	0	0	0	0	0	0	0	0	0	0	0	0
県合併市町村交付金	0	0	0	0	0	0	0	0	0	0	0	0
その他	13,143	13,143	13,143	13,143	13,143	13,143	13,143	13,143	13,143	13,143	13,143	341,718
その他特定財源	13,143	13,143	13,143	13,143	13,143	13,143	13,143	13,143	13,143	13,143	13,143	341,718
合併特例債発行	0	0	0	0	0	0	0	0	0	0	0	0

◆ケース1．合併

区分	2000年度	2001年度	2002年度	2003年度	2024年度	2025年度	2026年度	2027年度	2028年度	2029年度	2030年度	合計額
歳出合計	39,540	38,800	39,001	38,732	34,100	33,935	33,768	33,597	33,423	33,246	33,066	979,447
人件費	7,245	7,245	7,245	7,245	6,484	6,484	6,484	6,484	6,484	6,484	6,484	171,821
職員給	4,805	4,905	4,805	4,805	4,435	4,435	4,435	4,435	4,435	4,435	4,435	118,065
議員報酬	386	386	386	386	145	145	145	145	145	145	145	4,252
4役	187	187	187	187	37	37	37	37	37	37	37	962
その他	1,867	1,867	1,867	1,867	1,867	1,867	1,867	1,867	1,867	1,867	1,867	48,542
扶助費	4,545	4,545	4,545	4,545	4,545	4,545	4,545	4,545	4,545	4,545	4,545	118,170
物件費	3,742	3,742	3,742	3,742	3,742	3,742	3,742	3,742	3,742	3,742	3,742	97,292
補助費等	2,554	2,554	2,554	2,554	2,554	2,554	2,554	2,554	2,554	2,554	2,554	66,404
公債費	4,410	4,410	4,410	4,410	5,688	5,424	5,162	4,900	4,638	4,376	4,114	143,458
公債費	4,410	4,410	4,410	4,410	4,114	4,114	4,114	4,114	4,114	4,114	4,114	106,964
合併特例債償還金	0	0	0	0	1,572	1,310	1,048	786	524	262	0	36,494
合併特例債事業に伴う一般会計繰出し金	0	0	0	0	0	0	0	0	0	0	0	1,635
市町村振興基金の積立	0	0	0	0	0	0	0	0	0	0	0	3,170
市町村建設計画の合併特例債対象事業費	0	0	0	0	0	0	0	0	0	0	0	29,530
その他・投資余力	17,044	16,304	16,505	16,236	11,089	11,186	11,281	11,372	11,460	11,545	11,627	347,967
2004年度の「その他・投資余力」との差額	1,077	337	539	269	4,878	△ 4,781	△ 4,686	△ 4,595	△ 4,507	△ 4,422	△ 4,340	△ 67,172
同 差額の累計					39,842	△ 44,622	△ 49,308	△ 53,903	△ 58,410	△ 62,832	△ 67,172	

◆ケース2．非合併

区分	2000年度	2001年度	2002年度	2003年度	2024年度	2025年度	2026年度	2027年度	2028年度	2029年度	2030年度	合計額
歳出合計	39,540	38,800	39,001	38,732	37,541	37,541	37,541	37,541	37,541	37,541	37,541	979,726
人件費	7,245	7,245	7,245	7,245	7,245	7,245	7,245	7,245	7,245	7,245	7,245	188,370
職員給	4,805	4,805	4,805	4,805	4,805	4,805	4,805	4,805	4,805	4,905	4,805	124,930
議員報酬	386	386	386	386	386	386	386	386	386	386	386	10,036
4役	187	187	187	187	187	187	187	187	187	187	187	4,862
その他	1,867	1,867	1,867	1,867	1,867	1,867	1,867	1,867	1,867	1,867	1,867	48,542
扶助費	4,545	4,545	4,545	4,545	4,545	4,545	4,545	4,545	4,545	4,545	4,545	118,170
物件費	3,742	3,742	3,742	3,742	3,742	3,742	3,742	3,742	3,742	3,742	3,742	97,292
補助費等	2,554	2,554	2,554	2,554	2,554	2,554	2,554	2,554	2,554	2,554	2,554	66,404
公債費	4,410	4,410	4,410	4,410	4,114	4,114	4,114	4,114	4,114	4,114	4,114	106,964
公債費	4,410	4,410	4,410	4,410	4,114	4,114	4,114	4,114	4,114	4,114	4,114	106,964
合併特例債償還金	0	0	0	0	0	0	0	0	0	0	0	0
合併特例債事業に伴う一般会計繰出し金	0	0	0	0	0	0	0	0	0	0	0	0
市町村振興基金の積立	0	0	0	0	0	0	0	0	0	0	0	0
市町村建設計画の合併特例債対象事業費	0	0	0	0	0	0	0	0	0	0	0	0
その他・投資余力	17,044	16,304	16,505	16,236	15,341	15,341	15,341	15,341	15,341	15,341	15,341	402,526
2004年度の「その他・投資余力」との差額	1,077	337	539	269	△ 626	△ 626	△ 626	△ 626	△ 626	△ 626	△ 626	△ 12,613
同 差額の累計					8,856	△ 9,482	△ 10,108	△ 10,734	△ 11,361	△ 11,987	△ 12,613	

区分	2000年度	2001年度	2002年度	2003年度	2024年度	2025年度	2026年度	2027年度	2028年度	2029年度	2030年度	合計額
合併した場合としない場合の投資余力の差額(基金の積立と市町村建設計画事業費は除く。)					4,252	△ 4,155	△ 4,060	△ 3,969	△ 3,881	△ 3,796	△ 3,714	△ 54,559

※推 計 条 件

地方交付税：

① 地方交付税：平成12年度の実績が平成1
平成14年度、15年度、16年
合併特例債に関する事業
② 合併直後の臨時的経費に対する財政措
③ 〃 ：特別交付税
④ 11年目以降の地方交付税は、激減緩和
⑤ 中津下毛が合併した場合の一本算定額
⑥ 合併特例債の償還条件は、利率1.8%、2
⑦ その他・投資余力（歳入総額から人件費・

図５　自治体規模別基準財政収入額の推移（交付団体、一般算定分）

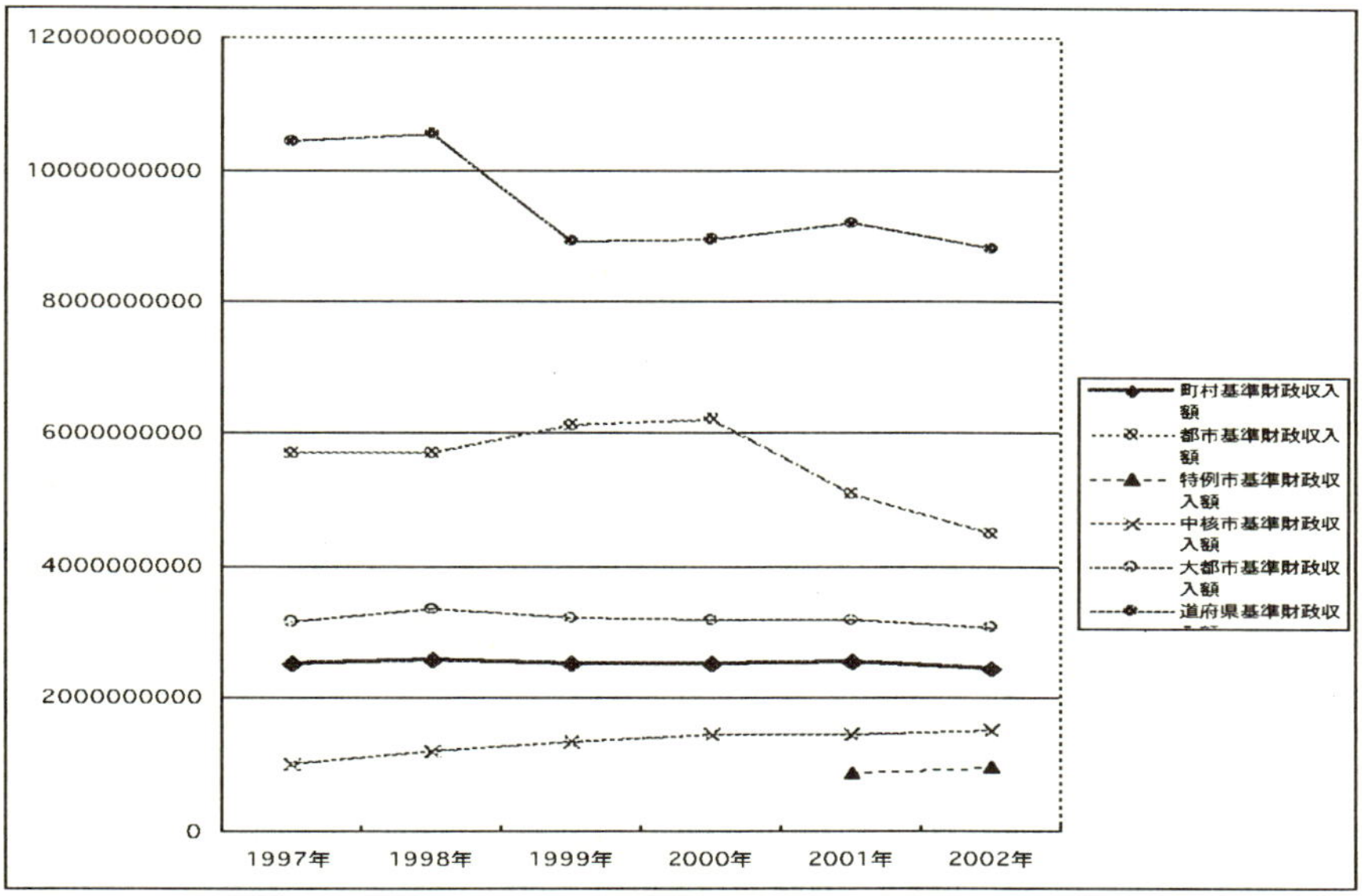

出所）地方交付税等関係計数資料（総務省）より作成、単位／千円

しょう。普通交付税は、基準財政需要額から基準財政収入額を差し引いて求め、基準財政需要額は単位費用×測定単位×補正係数を計算して求めます。これらの動向がどうだったのかということになるわけですが、まず基準財政収入額については、町村の基準財政収入額はあまり減っていません(図5)。一方、都道府県の基準財政収入額は法人二税等の税収の激減によって減少しています。基準財政収入額だけから見ると、都道府県、都市のほうに普通交付税が流れていく要因が観察できます。したがって、町村の交付税があまり伸びないという要因にもなってきます。

次に基準財政需要額を見ると(図6)、こ

図６　自治体規模別基準財政需要額の推移（交付団体、一般算定分）

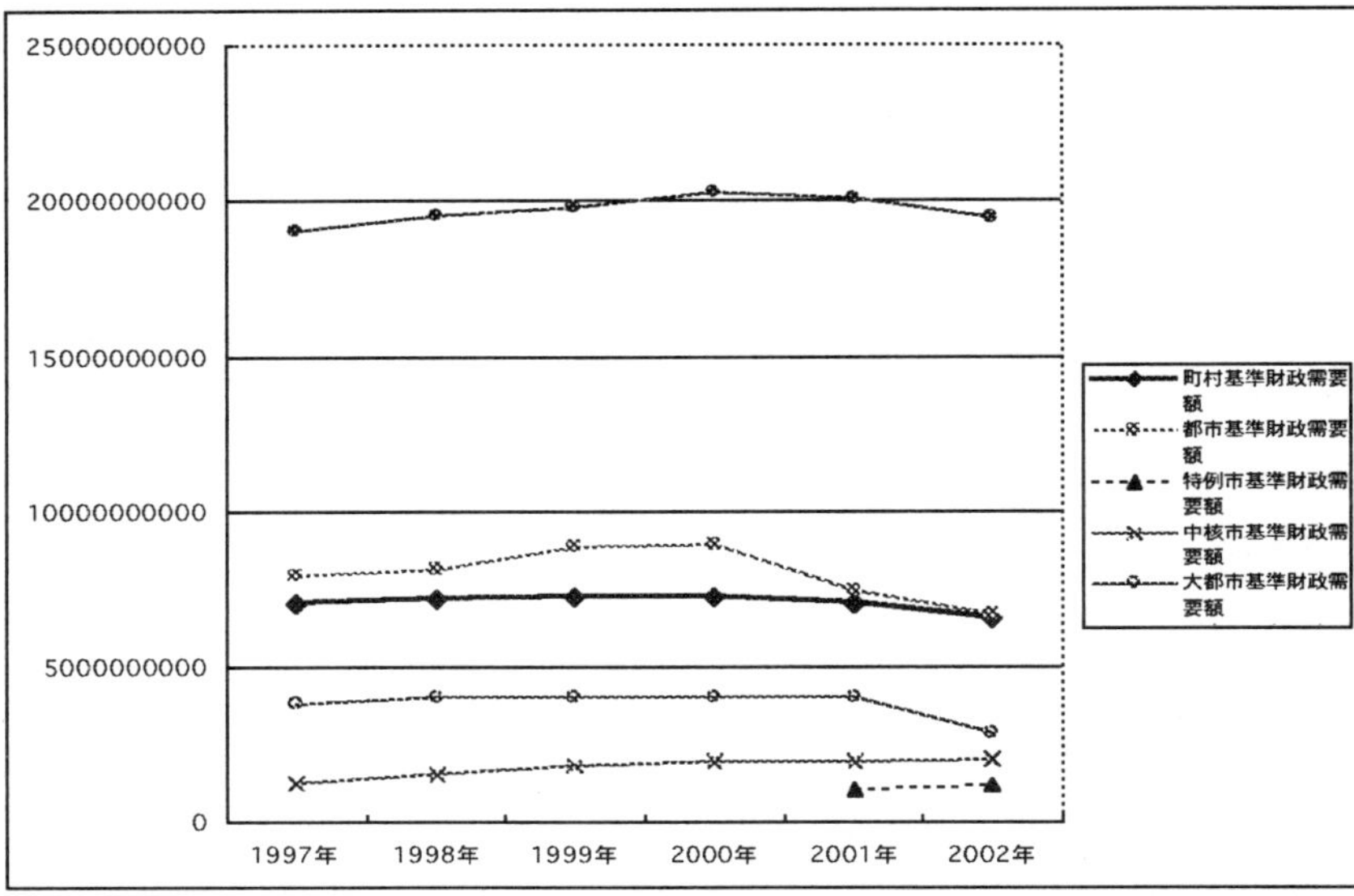

出所）地方交付税等関係計数資料（総務省）より作成、単位／千円

+密度補正Ⅱ0(0))
+密度補正Ⅱ0 (0))
+密度補正Ⅱ0.621 (0.769))
+数値急増補正0 (0))
X寒冷補正1.009 (1.009) +数値急減補正0.01. (0.013))
) X乗数0.8090 (0.7775) + (段階補正Ⅱ2.304 (2.359) X経常態容補正2.978 (2.313) X乗数0.1910 (0.2225))
X寒冷補正1.012 (1.011) +世帯急増補正0.997 (0))
X寒冷補正1.012 (1.012))
X寒冷補正1.011 (1.011) +世帯急増補正0 (0))
X寒冷補正Ⅰ1.054 (1.056) +態容補正Ⅱ0 (0) +人口急増補正Ⅰ0 (0) +数値急減補正0.307 (0.308) +密度補正Ⅱ0 (0) +合併補正0 (0))

出所）Ａ自治体地方交付税等算出資料より作成

れも２０００年までは各団体とも減っていません。都市部だけが減っていますが、これは中核市などが外に出てきたためです。ですから、基準財政需要額の面での影響はあまりないのではないかということです。

そこで次に、基準財政需要額の中身である補正について見たいと思います（表14）。補正は消防費から始まって13費目にわたって計算をしますが、掛け算になっていますので、連乗した係数をここだけ引き出して段階補正の影響分だけ試算するということは計算上不可能です。したがって、脇から攻めていくしかないわけで、段階補正が適用されている基準財政需要額の費目別変化はどうかということになりますが、これもあまり変化はありません

表14　段階補正適用行政費目の基準財政需要額の算出（Ａ自治体）

	単位費用（円）	×測定単位の数値	
消防費	10900（10700）	7093（7098）	（段階補正1.735（1.778）×密度補正Ⅰ1.163（1. 163）態容補正1.000（1. 000）
その他の土木費	1630（1590）	7093（7098）	（段階補正1.738（1.824）×態容補正1.000（1. 000））
その他の教育費	6440（6390）	7093（7098）	（段階補正1.825（1.886）×密度補正Ⅰ1.209（1.225）×態容補正1.000（1.000）
社会福祉費	7800（7280）	7093（7098）	（段階補正1.434（1.433）×態容補正0.726（0.760）＋密度補正0.169（0.236））
保健衛生費	4130（3830）	7093（7098）	（段階補正1.750（1.793）×態容補正1.000（1.000）＋密度補正Ⅰ1.342（1. 577）
高齢者保健福祉費	65000（73700）	1788（1534）	（段階補正1.548（1.547）×態容補正0.982（0.981）＋密度補正0.028（0.060）
農業行政費	65500（64900）	1143（1143）	（段階補正1.164（1.170）×態容補正Ⅰ1.000（1.000）×態容補正Ⅱ1.18（1.18）
商工行政費	1250（1210）	7093（7098）	（段階補正2.616（2.860）×態容補正0.900（0.900）＋密度補正0（0））
企画振興費	3350（4270）	7093（7098）	（密度補正0.285（0.233）-（段階補正Ⅰ2.446（2.488）×態容補正1.000（1.000）
徴税費	8950（9700）	1757（1743）	（段階補正1.714（1.797）×密度補正1.327（1.323）×態容補正1.000（1.000）
住基台帳費（戸籍数）	1780（1820）	3922（3927）	（段階補正1.340（1.345）×密度補正1.162（1.162）×態容補正1.000（1.000）
住基台帳費（世帯数）	3120（3140）	1757（1743）	（段階補正1.986（2.057）×密度補正1.156（1.156）×態容補正1.000（1.000）
その他の諸費	8190（10300）	7093（7098）	（段階補正2.307（2.371）×密度補正1.175（1.175）×態容補正Ⅰ1.000（1.000）

注）数値は2002年度、カッコ内の数値は2001年度の数値

図７　段階補正適用の基準財政需要額の費目別推移（町村・交付団体分）

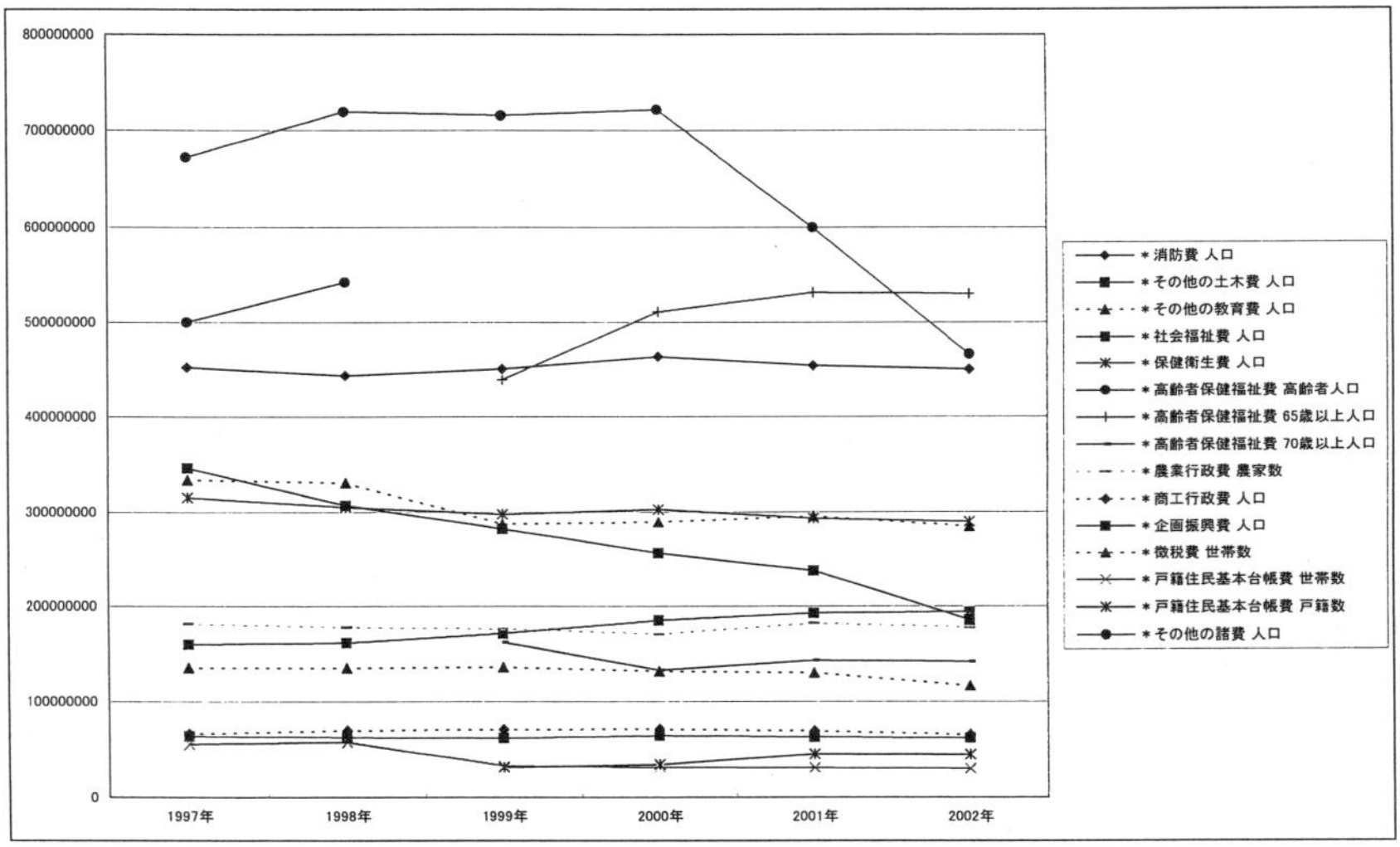

出所）地方交付税等関係計数資料（総務省）より作成、単位／千円

（図７）。変化があるのは２００１年からです。特に企画振興費など臨時財政対策債（赤字地方債）に振り替えられて削減された部分が激減しているわけです。これは臨時財政対策債でカバーされているので所要の財源確保に影響はないということで、全体的には段階補正では町村にはあまり影響がないということがいえます。

では、単位費用はどうかというと、１９９７年と２０００年を比較するとだいたい経常的経費分についてはほとんど伸びています（表15の１）。一方、投資的経費の単位費用は国庫補助負担金と地方単独事業費の削減の影響によって、軒並みマイナスとなっています（表15の２）。これは町村だけでなく、

表15の1　市町村の測定単位・単位費用の推移（経常的経費・投資的経費別）

経常的経費	1997年	1998年	1999年	2000年	2001年	2002年	2000年対1997年
消防費（人口）	10100	10300	10500	10600	10700	10900	5%
道路橋りょう費（道路面積）	121000	123000	124000	122000	122000	114000	1%
港湾費（港湾係留施設）	34700	34900	35000	35000	35100	35100	1%
港湾費（漁港係留施設）	34700	34900	35000	35000	14700	14700	1%
都市計画費（区域人口）	1290	1320	1350	1360	1390	1370	5%
公園費（人口）	627	644	659	658	673	681	5%
下水道費（集中地区人口）							
下水道費（人口）	158	159	160	160	160	150	1%
その他の土木費（人口）	1480	1510	1490	1590	1590	1630	7%
小学校費（児童数）	45300	46000	46600	46500	47200	47300	3%
小学校費（学級数）	896000	901000	906000	912000	944000	950000	2%
小学校費（学校数）	8602000	9099000	9485000	10324000	10812000	10825000	20%
中学校費（生徒数）	38400	39200	39300	39400	40000	40000	3%
中学校費（学級数）	1119000	1120000	1123000	1125000	1150000	1150000	1%
中学校費（学校数）	10425000	11294000	12027000	12816000	13721000	13347000	23%
高等学校費（職員数）	7666000	7793000	7979000	7930000	8044000	8125000	3%
高等学校費（生徒数）	66700	69300	69400	71100	73100	69900	7%
その他の教育費（人口）	7410	7580	5940	6010	6390	6440	-19%
その他の教育費（幼稚園児数）			388000	386000	401000	403000	
生活保護費（市部人口）	4540	4690	4820	5100	5220	5410	12%
社会福祉費（人口）	5740	5960	6300	6830	7280	7800	19%
保健衛生費（人口）	3640	3750	3600	3690	3830	4130	1%
高齢者保健福祉費（高齢者人口）	83100	88200					
高齢者保健福祉費（65歳以上）			67500	69000	73700	65000	
高齢者保健福祉費（70歳以上）			48100	39500	42700	35300	
清掃費（人口）	7160	7240	7270	7190	7210	6940	0%
農業行政費（農家数）	58900	59000	59700	58800	64900	65500	0%
商工行政費（従業者数）	1100	1180	1190	1200	1210	1250	9%
その他産業経済費（従業者数）	79200	94400	104000	104000	108000	132000	31%
企画振興費（人口）	3920	3750	4760	4900	4270	3350	25%
徴税費（税額）							
徴税費（世帯数）	9880	9990	10100	9760	9700	8950	-1%
戸籍費（本籍人口）							
住民基本台帳費（世帯数）							
戸籍住民基本台帳費（戸籍数）			1800	1800	1820	1780	
戸籍住民基本台帳費（世帯数）	4760	4840	2920	2990	3140	3120	-37%
その他の諸費（人口）	11800	12100	12000	12200	10300	8190	3%
その他の諸費（面積）	1301000	2462000	2480000	2525000	2641000	2573000	94%

出所）改正地方財政詳解より作成。単位／円

表15の2　市町村の測定単位・単位費用の推移（経常的経費・投資的経費別）

(投資的経費)	1997年	1998年	1999年	2000年	2001年	2002年	2000年対1997年
道路橋りょう費（道路延長）	804000	756000	746000	670000	660000	571000	-17%
港湾費（港湾外郭施設延長）	9030	8690	9080	8940	8460	9310	-1%
港湾費（漁港外郭施設延長）	6550	6480	6620	6310	6710	6880	-4%
都市計画費（区域人口）	1400	1350	1290	1270	1270	1200	-9%
公園費（人口）	365	339	328	314	303	258	-14%
下水道費（集中地区人口）							
下水道（人口）	90	92	95	101	102	105	12%
その他の土木費（人口）	717	683	681	634	546	336	-12%
小学校費（学級数）	718000	711000	732000	738000	775000	826000	3%
中学校費（学級数）	718000	711000	732000	738000	775000	826000	3%
高等学校費（生徒数）	35200	34900	35400	36200	39100	36900	3%
その他の教育費（人口）	358	344	354	366	378	327	2%
社会福祉費（人口）	601	574	593	612	579	562	2%
高齢者保健福祉費（高齢者人口）	3240	3160	3220	2780	2780		-14%
高齢者保健福祉費（65歳以上）						2280	
清掃費（人口）	810	810	810	787	779	801	-3%
労働費（失業者人口）							
農業行政費（農家数）	46200	44500	44500	43900	46500	42600	-5%
その他の産業経済費（従業者数）	130000	123000	127000	128000	124000	135000	-2%
企画振興費（人口）	1350	1310	1320	1370	1550	1410	1%
その他の諸費（人口）	2130	2050	2000	1950	1700	1240	-8%
その他の諸費（面積）	541000	511000	483000	464000	286000	55600	-14%

出所）改正地方財政詳解より作成。単位／円

表16　段階補正（市町村）の最低人口段階区分、補正係数の最高限度額見直しの推移

	1997年度	1998年度	1999年度	2000年度	2001年度	2002年度
1.消防費						
段階補正の人口段階の最低区分	4000人未満	4000人未満	8000人未満	8000人未満	8000人未満	8000人未満
段階補正係数の最高限度額			2.240	2.240	2.240	2.140
2.その他の土木費						
段階補正の人口段階の最低区分	4000人未満	8000人未満	8000人未満	8000人未満	8000人未満	8000人未満
段階補正係数の最高限度額		2.505	2.495	2.400	2.415	2.255
3.その他の教育費						
段階補正の人口段階の最低区分	4000人未満	4000人未満	8000人未満	8000人未満	8000人未満	8000人未満
段階補正係数の最高限度額			2.335	2.330	2.27	2.185
4.社会福祉費						
段階補正の人口段階の最低区分	4000人未満	4000人未満	4000人未満	4000人未満	8000人未満	8000人未満
段階補正係数の最高限度額				1.850	1.730	1.715
5.保健衛生費						
段階補正の人口段階の最低区分	4000人未満	4000人未満	4000人未満	8000人未満	8000人未満	8000人未満
段階補正係数の最高限度額				2.335	2.315	2.275
6.高齢者保健福祉費						
段階補正の人口段階の最低区分	720人未満	720人未満	720人未満	720人未満	720人未満	840人未満
段階補正係数の最高限度額				(係数-2.08) ×0.8+2.08)	(係数-2.195) ×0.6+2.195	(係数-2.141) ×0.4+2.14
7.農業行政費						
段階補正の人口段階の最低区分	700戸未満	700戸未満	700戸未満	700戸未満	600戸未満	600戸未満
段階補正係数の最高限度額			2.800	2.800	2.693	2.487
8.商工行政費						
段階補正の人口段階の最低区分	4000人未満	8000人未満	8000人未満	8000人未満	8000人未満	8000人未満
段階補正係数の最高限度額		3.540	3.540	3.520	3.480	3.120
9.企画振興費						
段階補正の人口段階の最低区分	4000人未満	8000人未満	8000人未満	8000人未満	8000人未満	8000人未満
段階補正係数の最高限度額		3.820	3.820	3.820	3.795	3.680
10.徴税費						
段階補正の人口段階の最低区分	3000世帯未満	3000世帯未満	3000世帯未満	3000世帯未満	3000世帯未満	3000世帯未満
段階補正係数の最高限度額			2.090	2.100	2.100	2.020
11.住民基本台帳費（戸籍数）						
段階補正の人口段階の最低区分			3300籍未満	3300籍未満	3300籍未満	3400籍未満
段階補正係数の最高限度額			1.685	1.685	1.665	1.564
12.住民基本台帳費（世帯数）						
段階補正の人口段階の最低区分	3000世帯未満	3000世帯未満	3000世帯未満	3000世帯未満	3000世帯未満	3000世帯未満
段階補正係数の最高限度額			1.610	1.690	2.590	2.460
13.その他の諸費						
段階補正の人口段階の最低区分	4000人未満	4000人未満	4000人未満	4000人未満	4000人未満	4000人未満
段階補正係数の最高限度額						

出所）地方交付税制度解説（補正係数編、総務省）より作成

表 17-1　4000 人未満町村の交付税の推移（1997 年対 200 年）　(1)

自治体名	県名	人口（1997年）	人口（2000年）	人口増減率	交付税（1997年）	交付税（2000年）	交付税増減率
富山村	愛知県	198	209	6%	438,822	357,073	-19%
青ケ島村	東京都	237	203	-14%	397,319	315,636	-21%
御蔵島村	東京都	275	308	12%	391,172	308,875	-21%
利島村	東京都	317	302	-5%	424,896	353,966	-17%
別子山村	愛媛県	319	277	-13%	600,232	515,270	-14%
魚島村	愛媛県	351	334	-5%	595,796	489,382	-18%
粟島浦村	新潟県	474	449	-5%	615,178	474,857	-23%
藤橋村	岐阜県	507	502	-1%	958,046	886,667	-7%
三島村	鹿児島県	513	500	-3%	1,006,664	1,013,429	1%
布施村	鳥取県	514	522	2%	797,137	804,801	1%
北大東村	沖縄県	575	671	17%	617,969	596,576	-3%
北山村	和歌山県	593	635	7%	699,107	677,494	-3%
芦安村	山梨県	611	613	0%	707,252	707,252	0%
渡名喜村	沖縄県	616	523	-15%	545,862	545,862	0%
芦川村	山梨県	651	590	-9%	653,552	582,604	-11%
花園村	和歌山県	659	614	-7%	800,970	722,898	-10%
平谷村	長野県	660	712	8%	684,081	677,859	-1%
大川村	高知県	680	569	-16%	861,329	784,542	-9%
阿波村	岡山県	711	681	-4%	619,765	569,029	-8%
坂内村	岐阜県	721	663	-8%	900,220	830,547	-8%
渡嘉敷村	沖縄県	725	730	1%	640,073	594,811	-7%
桧枝岐村	福島県	727	757	4%	929,571	880,363	-5%
尾口村	石川県	750	731	-3%	460,368	513,958	12%
売木村	長野県	756	741	-2%	800,951	765,336	-4%
十島村	鹿児島県	776	756	-3%	1,631,300	1,732,859	6%
浪合村	長野県	780	793	2%	704,122	667,960	-5%
知夫村	島取県	802	718	-10%	963,625	905,879	-6%
中和村	岡山県	809	801	-1%	700,683	656,929	-6%
和泉村	福井県	824	752	-9%	1,177,632	1,081,917	-8%
高根村	岐阜県	856	814	-5%	861,819	778,836	-10%
大塔村	奈良県	871	812	-7%	1,056,692	1,098,433	4%
野迫川村	奈良県	875	783	-11%	1,182,084	1,181,537	0%
上村	長野県	881	838	-5%	1,016,468	995,670	-2%
清内路村	長野県	889	781	-12%	751,979	724,042	-4%
吉和村	広島県	915	853	-7%	829,056	814,935	-2%
大島村	福岡県	917	909	-1%	709,162	631,354	-11%
本川村	高知県	930	759	-18%	729,328	698,230	-4%
富村	岡山県	966	851	-12%	769,252	709,130	-8%
粟国村	沖縄県	968	960	-1%	714,390	679,318	-5%
上齋原村	岡山県	980	948	-3%	594,382	571,888	-4%
丹波山村	山梨県	981	866	-12%	863,117	831,898	-4%
鹿島村	鹿児島県	999	892	-11%	753,195	676,785	-10%
関前村	愛媛県	1,009	865	-14%	912,552	871,661	-4%
上平村	富山県	1,016	997	-2%	562,300	531,988	-5%
座間味村	沖縄県	1,018	1,023	0%	781,359	734,551	-6%
高島町	長崎県	1,019	900	-12%	1,112,100	966,075	-13%
上北山村	奈良県	1,023	915	-11%	1,000,210	988,317	-1%
川上村	岐阜県	1,042	1,017	-2%	716,305	648,293	-9%
串原村	岐阜県	1,052	1,007	-4%	678,179	614,618	-9%
面河村	愛媛県	1,052	878	-17%	953,903	898,618	-6%
中里村	群馬県	1,058	941	-11%	735,075	678,205	-8%
木沢村	徳島県	1,058	957	-10%	993,488	991,177	0%
新庄村	岡山県	1,101	1,051	-5%	714,791	693,953	-3%
小菅村	山梨県	1,123	1,084	-3%	886,799	870,529	-2%
北相木村	長野県	1,148	1,025	-11%	1,022,856	967,506	-5%
伊王島町	長崎県	1,160	1,035	-11%	778,502	693,541	-11%
利賀村	富山県	1,161	1,083	-7%	1,259,480	1,290,446	2%
河内村	石川県	1,171	1,205	3%	834,514	749,002	-10%
広田村	愛媛県	1,212	1,114	-8%	944,270	8,789,467	831%
宮川村	岐阜県	1,229	1,178	-4%	998,440	982,100	-2%
王滝村	長野県	1,232	1,205	-2%	1,199,325	1,189,678	-1%
馬路村	高知県	1,242	1,195	-4%	930,045	905,517	-3%
奈川村	長野県	1,243	1,107	-11%	984,308	1,037,825	5%
白峰村	石川県	1,249	1,186	-5%	1,127,125	1,113,452	-1%
川上村	山口県	1,250	1,220	-2%	832,676	799,263	-4%
西興部村	北海道	1,253	1,314	5%	1,551,465	1,550,265	0%
小石原村	福岡県	1,292	1,219	-6%	663,858	643,885	-3%
神泉村	埼玉県	1,314	1,374	5%	568,818	546,401	-4%
八坂村	長野県	1,315	1,252	-5%	1,033,370	996,821	-4%
美麻村	長野県	1,320	1,282	-3%	1,167,376	1,122,722	-4%
黒滝村	奈良県	1,324	1,194	-10%	1,073,261	1,029,906	-4%
南相木村	長野県	1,334	1,584	19%	1,035,033	961,559	-7%
土佐山村	高知県	1,347	1,323	-2%	899,462	831,805	-8%
井口村	富山県	1,359	1,296	-5%	679,186	652,443	-4%
中津江村	大分県	1,360	1,338	-2%	1,079,150	1,030,681	-4%
下北山村	奈良県	1,370	1,292	-6%	880,571	875,768	-1%
荘川村	岐阜県	1,390	1,345	-3%	1,028,683	986,094	-4%
筒賀村	広島県	1,403	1,291	-8%	884,415	919,946	4%

(2) 出所）1997年・2000年度市町村別決算状況調（総務省）より作成、単位／千円／人口／国政調査人口、人、自治体名は1997年度に人口4千人未満の町村が基準

上津江村	大分県	1,407	1,308	-7%	1,108,616	1,152,940	4%
多良間村	沖縄県	1,409	1,338	-5%	1,051,146	971,559	-8%
龍山村	静岡県	1,410	1,236	-12%	675,855	644,768	-5%
伊平屋村	沖縄県	1,434	1,530	7%	1,011,538	997,854	-1%
三富村	山梨県	1,448	1,372	-5%	832,562	819,516	-2%
東粟倉村	岡山県	1,448	1,408	-3%	900,401	936,010	4%
河合村	岐阜県	1,450	1,466	1%	1,051,375	1,083,576	3%
河辺村	愛媛県	1,458	1,274	-13%	1,216,902	1,147,487	-6%
南大東村	沖縄県	1,473	1,445	-2%	1,065,230	1,068,919	0%
音威子府村	北海道	1,480	1,334	-10%	1,694,819	1,601,079	-6%
神恵内村	北海道	1,481	1,325	-11%	1,136,389	1,105,719	-3%
吉野谷村	石川県	1,501	1,400	-7%	1,061,083	997,899	-6%
白滝村	北海道	1,502	1,405	-6%	1,464,998	1,431,453	-2%
木屋平村	徳島県	1,505	1,314	-13%	1,261,183	1,246,300	-1%
柳谷村	愛媛県	1,509	1,348	-11%	837,115	791,715	-5%
本郷村	山口県	1,514	1,375	-9%	942,925	936,345	-1%
根羽村	長野県	1,522	1,380	-9%	1,069,743	1,184,555	11%
豊根村	愛知県	1,524	1,420	-7%	798,499	711,423	-11%
西米良村	宮崎県	1,543	1,480	-4%	1,268,492	1,146,171	-10%
赤井川村	北海道	1,552	1,512	-3%	1,128,125	1,180,873	5%
足和田村	山梨県	1,553	1,587	2%	727,343	710,925	-2%
須恵村	熊本県	1,559	1,471	-6%	789,030	769,005	-3%
久瀬村	岐阜県	1,579	1,511	-4%	866,276	834,879	-4%
上野村	群馬県	1,586	2,285	44%	1,177,056	1,126,357	-4%
大内山村	三重県	1,590	1,604	1%	804,633	802,220	0%
大岡村	長野県	1,602	1,544	-4%	1,244,641	1,243,914	0%
馬瀬村	岐阜県	1,618	1,597	-1%	974,788	1,053,416	8%
平村	富山県	1,620	1,416	-13%	1,191,360	1,180,177	-1%
大鹿村	長野県	1,641	1,522	-7%	1,285,488	1,242,913	-3%
北川村	高知県	1,650	1,591	-4%	991,279	992,583	0%
美郷村	徳島県	1,657	1,417	-14%	1,107,435	1,001,228	-10%
舟橋村	富山県	1,658	2,153	30%	550,289	589,473	7%
里村	鹿児島県	1,676	1,517	-9%	991,561	1,002,071	1%
前津江村	大分県	1,687	1,646	-2%	1,193,338	1,137,435	-5%
五木村	熊本県	1,687	1,530	-9%	1,350,567	1,278,684	-5%
鏡村	高知県	1,712	1,644	-4%	1,002,476	1,002,558	0%
坂井村	長野県	1,724	1,615	-6%	1,005,393	970,460	-3%
花山村	宮城県	1,732	1,604	-7%	1,037,767	1,078,027	4%
三瀬村	佐賀県	1,738	1,670	-4%	854,440	894,586	5%
一宇村	徳島県	1,744	1,547	-11%	1,290,402	1,211,019	-6%
津具村	愛知県	1,776	1,654	-7%	818,569	831,725	2%
上九一色村	山梨県	1,779	1,639	-8%	658,003	614,329	-7%
与那国町	沖縄県	1,801	1,852	3%	1,220,804	1,202,228	-2%
椴法華村	北海道	1,802	1,586	-12%	1,027,179	1,026,895	0%
大野見村	高知県	1,805	1,711	-5%	1,033,412	1,037,188	0%
美甘村	岡山県	1,809	1,756	-3%	933,590	912,225	-2%
紀和町	三重県	1,810	1,742	-4%	1,233,481	1,267,494	3%
波野村	熊本県	1,823	1,736	-5%	1,158,957	1,145,670	-1%
宝珠山村	福岡県	1,825	1,729	-5%	898,671	930,701	4%
葛尾村	福島県	1,831	1,736	-5%	984,995	992,451	1%
弥栄村	鳥取県	1,845	1,789	-3%	1,303,115	1,268,663	-3%
大滝村	埼玉県	1,857	1,711	-8%	1,228,050	1,162,760	-5%
忠類村	北海道	1,871	1,804	-4%	1,548,640	1,551,636	0%
産山村	熊本県	1,885	1,824	-3%	1,057,280	1,045,717	-1%
白川村	岐阜県	1,893	2,151	14%	1,022,177	898,706	-12%
伊是名村	沖縄県	1,895	1,897	0%	1,144,368	1,153,047	1%
住用村	鹿児島県	1,901	1,901	0%	1,552,189	1,553,049	0%
西粟倉村	岡山県	1,902	1,831	-4%	1,126,340	1,108,033	-2%
総領町	広島県	1,928	1,897	-2%	1,202,589	1,163,900	-3%
初山別村	北海道	1,928	1,764	-9%	1,606,922	1,695,920	6%
脊振村	佐賀県	1,935	1,893	-2%	1,057,308	1,079,305	2%
春日村	岐阜県	1,937	1,722	-11%	1,217,692	1,168,187	-4%
柿木村	島取県	1,940	1,848	-5%	1,250,186	1,279,684	2%
矢部村	福岡県	1,942	1,760	-9%	1,455,191	1,479,220	2%
木頭村	徳島県	1,948	1,843	-5%	1,306,470	1,261,024	-3%
豊松村	広島県	1,959	1,843	-6%	1,158,011	1,131,219	-2%
大和村	山梨県	1,962	1,541	-21%	881,161	938,139	6%
東村	沖縄県	1,963	1,867	-5%	1,158,107	1,141,343	-1%
早川町	山梨県	1,977	1,740	-12%	1,484,894	1,490,584	0%
三原村	高知県	1,986	1,871	-6%	1,010,267	1,055,328	4%
開田村	長野県	1,999	2,001	0%	1,247,208	1,265,545	1%
板取村	岐阜県	2,003	1,921	-4%	815,442	861,659	6%
新宮村	愛媛県	2,003	1,808	-10%	1,245,283	1,283,530	3%
兼山町	岐阜県	2,005	1,811	-10%	600,505	537,090	-11%
大島村	長崎県	2,005	1,785	-11%	1,120,987	1,106,231	-1%
越廼村	福井県	2,008	1,867	-7%	1,010,610	953,756	-6%
月ケ瀬村	奈良県	2,015	1,962	-3%	863,931	885,392	2%
三岳村	長野県	2,019	2,003	-1%	1,237,559	1,302,617	5%
昭和村	福島県	2,025	1,874	-7%	1,400,612	1,380,721	-1%
美川町	山口県	2,027	1,828	-10%	1,084,242	1,118,953	3%

大田村	大分県	2,040	1,906	-7%	1,042,640	1,032,510	-1%
伊南村	福島県	2,041	1,887	-8%	1,335,097	1,385,728	4%
深田村	熊本県	2,046	1,950	-5%	872,407	801,366	-8%
布野村	広島県	2,063	2,003	-3%	1,046,481	1,089,184	4%
君田村	広島県	2,063	2,000	-3%	1,122,855	1,128,240	0%
作木村	広島県	2,067	2,014	-3%	972,636	1,002,119	3%
下村	富山県	2,079	2,018	-3%	660,507	617,574	-7%
日吉村	愛媛県	2,081	1,933	-7%	1,130,947	1,098,674	-3%
大和村	鹿児島県	2,092	2,018	-4%	1,702,320	1,441,921	-15%
吉川村	高知県	2,095	2,032	-3%	1,158,298	1,036,080	-11%
匹見町	島取県	2,096	1,803	-14%	1,679,349	1,685,616	0%
占冠村	北海道	2,104	1,873	-11%	1,158,170	1,397,576	21%
奥津町	岡山県	2,109	1,841	-13%	1,219,669	1,331,671	9%
六合村	群馬県	2,109	2,045	-3%	1,312,965	1,321,836	1%
朝日町	北海道	2,110	1,926	-9%	1,883,460	1,906,467	1%
都万村	島取県	2,122	2,156	2%	1,579,402	1,653,247	5%
山口村	長野県	2,127	2,040	-4%	1,018,916	1,063,980	4%
泊村	北海道	2,128	2,040	-4%			
西目屋村	青森県	2,138	2,049	-4%	1,375,038	1,331,736	-3%
熊野川町	和歌山県	2,144	2,040	-5%	1,525,836	1,429,181	-6%
道志村	山梨県	2,153	2,087	-3%	1,056,809	1,087,390	3%
明宝村	岐阜県	2,153	2,114	-2%	1,281,938	1,208,072	-6%
細入村	富山県	2,165	1,923	-11%	737,594	813,819	10%
七ケ宿町	宮城県	2,174	2,034	-6%	1,219,795	1,263,248	4%
大和村	島取県	2,175	2,018	-7%	1,488,390	1,441,921	-3%
朝日村	岐阜県	2,177	2,115	-3%	1,226,075	1,297,517	6%
西祖谷山村	徳島県	2,197	1,911	-13%	1,420,293	1,386,743	-2%
山田村	富山県	2,200	2,037	-7%	1,427,134	1,484,978	4%
大滝村	北海道	2,216	2,097	-5%	1,428,099	1,414,820	-1%
本匠村	大分県	2,220	2,049	-8%	1,187,253	1,213,442	2%
笠置町	京都府	2,223	2,056	-8%	766,813	781,582	2%
入広瀬村	新潟県	2,223	2,048	-8%	1,464,561	1,594,152	9%
上甑村	鹿児島県	2,234	2,008	-10%	1,340,379	1,298,702	-3%
比和町	広島県	2,246	2,037	-9%	1,411,968	1,367,224	-3%
五箇村	島取県	2,247	2,173	-3%	1,532,167	1,616,787	6%
小野上村	群馬県	2,250	2,140	-5%	857,506	890,011	4%
美山村	和歌山県	2,262	2,165	-4%	1,727,025	1,711,436	-1%
洞爺村	北海道	2,269	2,270	0%	1,467,238	1,485,040	1%
泰阜村	長野県	2,270	2,237	-1%	1,349,236	1,308,112	-3%
神津島村	東京都	2,276	2,144	-6%	817,344	781,142	-4%
島牧村	北海道	2,301	2,224	-3%	1,615,965	1,651,083	2%
北郷村	宮崎県	2,303	2,069	-10%	1,550,995	1,589,712	2%
生名村	愛媛県	2,304	2,124	-8%	1,023,342	1,018,878	0%
羽須美村	島取県	2,304	2,078	-10%	1,379,722	1,432,778	4%
天川村	奈良県	2,310	2,104	-9%	1,482,177	1,527,507	3%
長谷村	長野県	2,314	2,228	-4%	1,423,016	1,375,968	-3%
勝山村	山梨県	2,315	2,502	8%	622,642	609,510	-2%
上勝町	徳島県	2,318	2,124	-8%	1,464,102	1,385,657	-5%
旭村	山口県	2,322	2,170	-7%	1,227,939	1,376,769	12%
丸瀬布町	北海道	2,342	2,149	-8%	1,753,078	1,730,647	-1%
留寿都村	北海道	2,388	2,227	-7%	1,070,202	1,045,303	-2%
玉之浦町	長崎県	2,396	2,197	-8%	1,484,654	1,515,522	2%
坂北村	長野県	2,401	2,204	-8%	1,071,676	1,024,747	-4%
幌加内町	北海道	2,414	2,217	-8%	2,690,733	2,760,877	3%
宇検村	鹿児島県	2,424	2,243	-7%	1,687,719	1,720,851	2%
洞戸村	岐阜県	2,444	2,316	-5%	954,133	982,187	3%
本城村	長野県	2,445	2,230	-9%	1,073,554	1,124,264	5%
天龍村	長野県	2,445	2,239	-8%	1,315,517	1,320,110	0%
河野村	福井県	2,446	2,255	-8%	991,821	957,899	-3%
根尾村	岐阜県	2,453	2,184	-11%	31,510	260,265	726%
川上村	岡山県	2,457	2,430	-1%	1,057,577	1,058,883	0%
和良村	岐阜県	2,459	2,266	-8%	1,120,499	1,113,214	-1%
岩城村	愛媛県	2,479	2,289	-8%	971,966	905,326	-7%
むつみ村	山口県	2,484	2,217	-11%	1,320,343	1,403,469	6%
秋山村	山梨県	2,491	2,386	-4%	988,313	1,028,622	4%
中津村	和歌山県	2,504	2,535	1%	1,235,831	1,146,246	-7%
宮島町	広島県	2,518	2,193	-13%	614,533	628,984	2%
山古志村	新潟県	2,523	2,222	-12%	1,368,281	1,409,947	3%
鬼無里村	長野県	2,523	2,333	-8%	1,585,954	1,640,908	3%
平舘村	青森県	2,533	2,451	-3%	1,113,560	1,150,379	3%
豊浜町	広島県	2,533	2,175	-14%	1,206,709	1,281,521	6%
東村	群馬県	2,546	2,450	-4%	885,091	866,464	-2%
浜益村	北海道	2,550	2,363	-7%	1,623,081	1,537,258	-5%
南信濃村	長野県	2,551	2,370	-7%	1,330,178	1,387,756	4%
上那賀町	徳島県	2,552	2,365	-7%	1,618,803	1,661,796	3%
生坂村	長野県	2,559	2,416	-6%	1,330,262	1,335,628	0%
清見村	岐阜県	2,568	2,657	3%	1,471,241	1,421,535	-3%
崎戸町	長崎県	2,574	2,309	-10%	1,315,881	1,264,831	-4%
高野町	広島県	2,585	2,417	-6%	1,461,648	1,452,589	-1%
万場町	群馬県	2,586	2,269	-12%	1,026,546	1,047,325	2%

中川町	北海道	2,602	2,464	-5%	2,202,340	2,168,162	-2%
朽木村	滋賀県	2,603	2,625	1%	1,561,316	1,618,633	4%
和田村	長野県	2,611	2,587	-1%	1,281,841	1,297,518	1%
東祖谷山村	徳島県	2,620	2,307	-12%	1,597,990	1,498,191	-6%
七会村	茨城県	2,621	2,498	-5%	900,636	899,448	0%
栗山村	栃木県	2,623	2,411	-8%	1,215,493	1,275,942	5%
清川村	大分県	2,625	2,521	-4%	1,224,676	1,195,705	-2%
舘岩村	福島県	2,630	2,380	-10%	1,519,313	1,597,633	5%
宮村	岐阜県	2,633	2,659	1%	888,669	956,853	8%
日義村	長野県	2,638	2,700	2%	802,899	913,179	14%
池川町	高知県	2,641	2,432	-8%	1,451,336	1,456,976	0%
曽爾村	奈良県	2,645	2,472	-7%	1,211,432	1,225,152	1%
美川村	愛媛県	2,649	2,386	-10%	1,491,292	1,464,045	-2%
真狩村	北海道	2,649	2,536	-4%	1,652,435	1,630,225	-1%
日高町	北海道	2,653	2,306	-13%	1,705,417	1,626,450	-5%
内海村	愛媛県	2,659	2,425	-9%	1,155,712	1,179,473	2%
吉田村	鳥取県	2,668	2,434	-9%	1,501,802	1,458,988	-3%
三島町	福島県	2,674	2,474	-7%	1,165,775	1,099,415	-6%
神郷町	岡山県	2,677	2,629	-2%	1,556,220	1,546,747	-1%
諸塚村	宮崎県	2,687	2,402	-11%	2,182,733	2,286,617	5%
上之保村	岐阜県	2,691	2,483	-8%	1,138,185	1,188,146	4%
高郷村	福島県	2,701	2,514	-7%	1,112,224	1,104,448	-1%
歌登町	北海道	2,716	2,536	-7%	3,006,587	2,956,935	-2%
美方町	兵庫県	2,726	2,640	-3%	1,459,428	1,440,586	-1%
名栗村	埼玉県	2,743	2,676	-2%	797,894	799,635	0%
中頓別町	北海道	2,754	2,518	-9%	2,205,929	2,223,868	1%
鶴居村	北海道	2,759	2,728	-1%	2,495,774	2,422,812	-3%
日吉津村	鳥取県	2,760	2,917	6%	360,051	150,358	-58%
千歳村	大分県	2,760	2,611	-5%	997,083	999,741	0%
大島村	新潟県	2,776	2,480	-11%	1,445,231	1,442,578	0%
米水津村	大分県	2,783	2,481	-11%	1,097,828	1,099,479	0%
鳴沢村	山梨県	2,784	2,864	3%	434,382	494,571	14%
北竜町	北海道	2,785	2,562	-8%	1,700,174	1,626,413	-4%
須木村	宮崎県	2,786	2,431	-13%	1,514,295	1,520,776	0%
南郷村	宮崎県	2,788	2,604	-7%	1,590,986	1,642,863	3%
高柳町	新潟県	2,802	2,502	-11%	1,496,884	1,498,553	0%
小笠原村	東京都	2,809	2,824	1%	935,454	873,684	-7%
福栄村	山口県	2,814	2,617	-7%	1,409,431	1,511,162	7%
海部町	徳島県	2,815	2,602	-8%	1,044,667	1,063,326	2%
口和町	広島県	2,819	2,644	-6%	1,555,737	1,495,329	-4%
川上村	奈良県	2,821	2,558	-9%	1,705,394	1,841,151	8%
福富町	広島県	2,837	2,892	2%	1,153,154	1,163,295	1%
御杖村	奈良県	2,840	2,623	-8%	1,479,860	1,449,160	-2%
浦臼町	北海道	2,854	2,643	-7%	1,586,605	1,442,041	-9%
海士町	鳥取県	2,857	2,672	-6%	1,875,012	2,030,112	8%
黒保根村	群馬県	2,860	2,753	-4%	1,087,647	1,086,762	0%
七山村	佐賀県	2,869	2,698	-6%	1,159,687	1,160,214	0%
瀬棚町	北海道	2,877	2,820	-2%	1,829,377	1,895,174	4%
安曇村	長野県	2,893	2,686	-7%	1,105,169	1,063,654	-4%
栄村	長野県	2,896	2,638	-9%	1,861,172	2,066,796	11%
仁淀村	高知県	2,907	2,685	-8%	1,235,965	1,287,908	4%
有漢町	岡山県	2,915	2,709	-7%	1,281,356	1,365,997	7%
大成町	北海道	2,919	2,730	-6%	1,546,439	1,539,212	0%
水上村	熊本県	2,919	2,706	-7%	1,662,796	1,690,054	2%
東陽村	熊本県	2,921	2,805	-4%	1,196,185	1,214,339	2%
東津野村	高知県	2,924	2,833	-3%	1,354,581	1,358,535	0%
島ケ原村	三重県	2,934	2,752	-6%	796,912	817,261	3%
東藻琴村	北海道	2,939	2,869	-2%	2,155,604	2,182,540	1%
美都町	鳥取県	2,941	2,691	-9%	1,528,362	1,411,086	-8%
厚田村	北海道	2,947	2,804	-5%	1,969,313	1,961,485	0%
三厩村	青森県	2,948	2,709	-8%	1,170,441	1,185,279	1%
泉村	熊本県	2,952	2,775	-6%	1,866,362	1,942,663	4%
直入町	大分県	2,954	2,891	-2%	1,265,471	1,300,856	3%
上矢作町	岐阜県	2,980	2,774	-7%	1,188,942	1,215,747	2%
姫島村	大分県	2,996	2,761	-8%	1,205,808	1,239,860	3%
久木野村	熊本県	3,010	2,547	-15%	1,135,408	1,142,629	1%
風間浦村	青森県	3,012	2,793	-7%	1,398,295	1,392,847	0%
下甑村	鹿児島県	3,017	2,803	-7%	1,617,405	1,612,081	0%
上浦町	大分県	3,019	2,714	-10%	1,082,154	1,084,638	0%
脇野沢村	青森県	3,019	2,775	-8%	1,361,065	1,361,241	0%
岡原村	熊本県	3,025	2,935	-3%	1,018,885	1,041,359	2%
喜茂別町	北海道	3,029	2,843	-6%	1,502,755	1,501,296	0%
岩崎村	青森県	3,031	2,845	-6%	1,413,847	1,463,220	3%
蒲刈町	広島県	3,032	2,741	-10%	1,322,731	1,348,538	2%
下地町	沖縄県	3,036	3,172	4%	1,463,869	1,476,334	1%
生田原町	北海道	3,065	2,787	-9%	1,819,369	1,832,723	1%
市浦村	青森県	3,073	2,911	-5%	1,590,619	1,514,987	-5%
鹿瀬町	新潟県	3,079	2,951	-4%	1,469,693	1,614,239	10%
直川村	大分県	3,081	2,847	-8%	1,312,925	1,309,845	0%
中条村	長野県	3,085	2,886	-6%	1,518,798	1,629,317	7%

鷹島町	長崎県	3,092	2,868	-7%	1,607,595	1,569,541	-2%
幌延町	北海道	3,095	2,835	-8%	2,417,102	2,390,617	-1%
名田庄村	福井県	3,103	2,951	-5%	1,264,705	1,314,778	4%
瀬戸町	愛媛県	3,104	2,813	-9%	1,635,941	1,575,880	-4%
木江町	広島県	3,112	2,744	-12%	1,096,589	1,138,641	4%
神石町	広島県	3,113	2,905	-7%	1,809,408	1,887,522	4%
八東村	岡山県	3,116	2,991	-4%	1,231,136	1,212,217	-2%
峰町	長崎県	3,119	2,897	-7%	1,661,380	1,729,541	4%
猿払村	北海道	3,121	2,980	-5%	2,524,397	2,457,761	-3%
芸北町	広島県	3,122	2,958	-5%	1,821,918	1,804,058	-1%
佐治村	鳥取県	3,127	2,835	-9%	1,353,542	1,401,233	4%
栖本町	熊本県	3,142	3,011	-4%	1,384,811	1,410,752	2%
清里村	新潟県	3,158	3,212	2%	1,405,738	1,412,616	0%
西郷村	宮崎県	3,160	2,836	-10%	1,488,800	1,551,267	4%
新島村	東京都	3,163	3,147	-1%	1,001,424	906,292	-9%
南郷村	福島県	3,172	3,081	-3%	1,614,273	1,704,950	6%
頃原町	鳥取県	3,172	3,099	-2%	1,619,566	1,698,733	5%
佐井村	青森県	3,173	3,010	-5%	1,637,895	1,632,448	0%
両神村	埼玉県	3,177	3,018	-5%	1,152,537	1,156,213	0%
皆瀬村	秋田県	3,183	3,040	-4%	1,468,454	1,468,910	0%
上野村	沖縄県	3,186	3,182	0%	1,614,941	1,648,530	2%
泊村	鳥取県	3,194	3,050	-5%	1,030,143	1,149,221	12%
東白川村	岐阜県	3,196	2,980	-7%	1,396,031	1,447,622	4%
下蒲刈町	広島県	3,212	2,991	-7%	1,507,221	1,357,565	-10%
大浦町	鹿児島県	3,236	2,991	-8%	1,354,271	1,357,565	0%
佐那河内村	徳島県	3,245	3,010	-7%	1,321,201	1,346,718	2%
鳥越村	石川県	3,256	3,154	-3%	1,484,196	1,488,464	0%
伊自良村	岐阜県	3,257	3,287	1%	956,234	959,118	0%
肱川町	愛媛県	3,275	3,211	-2%	1,696,746	1,698,108	0%
大塔村	和歌山県	3,285	3,264	-1%	1,597,898	1,620,128	1%
東野町	広島県	3,291	3,036	-8%	1,053,139	1,654,491	57%
牧村	新潟県	3,294	2,991	-9%	1,563,227	1,514,937	-3%
音別町	北海道	3,307	3,031	-8%	1,793,153	1,794,825	0%
大潟村	秋田県	3,311	3,323	0%	1,699,337	1,636,663	-4%
稲武町	愛知県	3,313	3,111	-6%	799,560	868,156	9%
作手村	愛知県	3,313	3,226	-3%	1,444,563	1,481,342	3%
備中町	岡山県	3,330	3,105	-7%	1,490,414	1,517,068	2%
南富良野町	北海道	3,331	3,236	-3%	2,736,228	2,757,910	1%
東吉野村	奈良県	3,336	2,909	-13%	1,697,332	1,747,966	3%
赤泊村	新潟県	3,342	3,121	-7%	1,707,793	1,657,024	-3%
更別村	北海道	3,350	3,291	-2%	2,472,620	2,459,658	-1%
鷲敷町	徳島県	3,354	3,360	0%	1,009,772	1,049,665	4%
旭町	鳥取県	3,354	3,198	-5%	1,833,290	1,880,394	3%
伊根町	京都府	3,361	3,112	-7%	1,518,460	1,519,433	0%
豊町	広島県	3,367	2,956	-12%	1,439,574	1,481,240	3%
吾川村	高知県	3,371	3,072	-9%	1,512,394	1,542,445	2%
物部村	高知県	3,392	3,152	-7%	1,763,497	1,822,457	3%
甲奴町	広島県	3,403	3,262	-4%	1,520,885	1,517,204	0%
豊富村	山梨県	3,409	3,632	7%	1,055,831	998,740	-5%
都路村	福島県	3,416	3,337	-2%	1,378,890	1,379,512	0%
松之山町	新潟県	3,418	3,184	-7%	1,693,581	1,643,757	-3%
哲西町	岡山県	3,426	3,243	-5%	1,411,390	1,485,939	5%
陸別町	北海道	3,429	3,228	-6%	2,743,037	2,799,292	2%
油木町	広島県	3,434	3,244	-6%	1,586,520	1,646,267	4%
大宜味村	沖縄県	3,437	3,281	-5%	1,362,640	1,363,332	0%
加子母村	岐阜県	3,442	3,411	-1%	1,329,829	1,372,882	3%
鶯沢町	宮城県	3,445	3,218	-7%	1,341,429	1,439,194	7%
倉石村	青森県	3,452	3,468	0%	1,545,382	1,691,656	9%
戸河内町	広島県	3,456	3,272	-5%	1,625,202	1,705,784	5%
高鷲村	岐阜県	3,475	3,484	0%	1,387,590	1,435,931	3%
清川村	神奈川県	3,478	3,482	0%	683,483	703,515	3%
清和村	熊本県	3,489	3,279	-6%	1,689,189	1,607,400	-5%
京極町	北海道	3,489	3,505	0%	1,750,666	1,767,338	1%
新郷村	青森県	3,498	3,343	-4%	1,746,998	1,818,890	4%
麻績村	長野県	3,499	3,347	-4%	1,555,916	1,492,955	-4%
竹富町	沖縄県	3,508	3,551	1%	2,277,427	2,245,057	-1%
金山町	福島県	3,511	3,204	-9%	1,606,199	1,652,415	3%
能登島町	石川県	3,517	3,312	-6%	1,590,414	1,786,874	12%
武川村	山梨県	3,520	3,428	-3%	1,072,941	1,063,954	-1%
福部村	鳥取県	3,526	3,451	-2%	1,155,338	1,152,590	0%
白沢村	群馬県	3,534	3,665	4%	1,112,805	1,184,934	6%
南牧村	長野県	3,537	3,540	0%	1,468,180	1,541,186	5%
秩父別町	北海道	3,544	3,268	-8%	1,831,604	1,742,153	-5%
上小阿仁村	秋田県	3,553	3,369	-5%	1,690,710	1,743,893	3%
桧原村	東京都	3,560	3,256	-9%	1,151,510	1,116,632	-3%
三日月町	兵庫県	3,562	3,375	-5%	977,111	728,483	-25%
東成瀬村	秋田県	3,568	3,390	-5%	1,795,005	1,911,560	6%
田野町	高知県	3,575	3,315	-7%	1,057,948	1,246,395	18%
赤岡町	高知県	3,599	3,388	-6%	1,131,206	1,053,417	-7%
大正町	高知県	3,613	3,429	-5%	1,877,955	1,899,252	1%

田代町	鹿児島県	3,625	3,410	-6%	1,488,779	1,541,170	4%
宍喰町	徳島県	3,633	3,553	-2%	1,435,261	1,680,595	17%
名立町	新潟県	3,636	3,388	-7%	1,396,307	1,519,865	9%
湯川村	福島県	3,642	3,601	-1%	1,185,939	1,155,108	-3%
旭町	岡山県	3,648	3,504	-4%	1,762,238	1,153,053	-35%
積丹町	北海道	3,648	3,149	-14%	1,861,264	1,942,881	4%
上志比村	福井県	3,654	3,611	-1%	1,013,555	1,041,880	3%
東村	群馬県	3,657	3,275	-10%	1,008,840	1,127,821	12%
琴南町	香川県	3,660	3,296	-10%	1,364,847	1,420,744	4%
相生町	徳島県	3,660	3,368	-8%	1,481,803	1,481,563	0%
美土里町	広島県	3,660	3,423	-6%	1,581,472	1,630,343	3%
福島町	長崎県	3,671	3,420	-7%	1,347,972	1,370,679	2%
碇ケ関村	青森県	3,674	3,426	-7%	1,248,945	1,295,965	4%
賀茂村	静岡県	3,682	3,521	-4%	936,636	1,024,564	9%
西海町	愛媛県	3,684	3,266	-11%	1,308,548	1,312,719	0%
山形村	青森県	3,701	3,382	-9%	2,179,265	2,213,918	2%
吾北村	高知県	3,705	3,358	-9%	1,773,730	1,823,514	3%
内海町	広島県	3,706	3,431	-7%	1,334,736	1,370,584	3%
上川村	新潟県	3,706	3,383	-9%	1,862,186	2,012,359	8%
湯原町	岡山県	3,710	3,441	-7%	1,491,690	1,514,433	2%
赤来町	島取県	3,721	3,442	-7%	1,741,684	1,789,622	3%
赤村	福岡県	3,726	3,636	-2%	1,397,791	1,306,998	-6%
塩江町	香川県	3,727	3,640	-2%	1,509,072	1,461,668	-3%
木祖村	長野県	3,738	3,596	-4%	1,155,021	1,255,838	9%
朝地町	大分県	3,748	3,431	-8%	1,474,240	1,438,628	-2%
奈良尾町	長崎県	3,751	3,332	-11%	1,448,752	1,471,095	2%
楢川村	長野県	3,755	3,619	-4%	1,094,403	1,062,782	-3%
英田町	岡山県	3,767	3,688	-2%	1,183,167	1,228,162	4%
由岐町	徳島県	3,771	3,515	-7%	1,303,268	1,343,245	3%
桜江町	島取県	3,782	3,604	-5%	1,649,349	2,012,432	22%
蓬田村	青森県	3,786	3,480	-8%	1,353,038	1,339,993	-1%
山国町	大分県	3,794	3,452	-9%	1,658,767	1,872,205	13%
普代村	青森県	3,796	3,583	-6%	1,640,487	1,608,758	-2%
川内村	福島県	3,797	3,384	-11%	1,512,876	1,453,555	-4%
荻町	大分県	3,818	3,584	-6%	1,525,789	1,536,109	1%
雨竜町	北海道	3,825	3,601	-6%	1,890,205	1,926,559	2%
安田町	高知県	3,826	3,535	-8%	1,500,421	1,462,961	-2%
相馬村	青森県	3,828	3,853	1%	1,743,162	1,797,838	3%
南牧村	群馬県	3,829	3,340	-13%	1,405,066	1,383,530	-2%
本川根町	静岡県	3,830	3,354	-12%	1,295,672	1,381,145	7%
三宅村	東京都	3,831			1,231,478		
旭町	愛知県	3,844	3,477	-10%	1,065,374	1,796,888	69%
北塩原村	福島県	3,859	3,644	-6%	1,202,128	1,521,276	27%
十和村	高知県	3,862	3,573	-7%	1,985,743	2,018,109	2%
中辺路町	和歌山県	3,863	3,710	-4%	1,675,029	1,740,670	4%
壮瞥町	北海道	3,866	3,748	-3%	1,788,530	1,876,519	5%
熱塩加納村	福島県	3,871	3,633	-6%	1,585,287	1,629,760	3%
黒松内町	北海道	3,875	3,608	-7%	2,278,068	2,309,876	1%
古座川町	和歌山県	3,884	3,726	-4%	2,125,065	2,117,219	0%
大朝町	広島県	3,886	3,782	-3%	1,566,617	1,638,480	5%
小川村	長野県	3,888	3,620	-7%	2,112,641	2,216,167	5%
蛭川村	岐阜県	3,890	3,852	-1%	1,071,277	1,088,393	2%
大畠町	山口県	3,892	3,654	-6%	1,131,062	1,175,631	4%
姫戸町	熊本県	3,902	3,686	-6%	1,167,588	1,200,438	3%
太地町	和歌山県	3,907	3,777	-3%	889,576	837,304	-6%
遠別町	北海道	3,912	3,683	-6%	2,395,010	2,420,453	1%
宮窪町	愛媛県	3,922	3,671	-6%	1,434,443	1,338,263	-7%
上浦町	愛媛県	3,929	3,606	-8%	1,399,559	1,380,408	-1%
月潟村	新潟県	3,954	3,831	-3%	895,252	909,727	2%
三和町	広島県	3,967	3,789	-4%	1,573,088	1,634,703	4%
新篠津村	北海道	3,994	3,940	-1%	1,903,608	1,920,923	1%

全国町村		27,240,703	27,034,661	-1%	4,430,340,715	4,693,306,080	6%

大都市、都道府県すべての規模の自治体に影響しています。

問題は段階補正です。つまり、1998年の第一次段階補正の見直しで、「その他の土木費」、「商工行政費」、「企画振興費」にまず限度額が設定されました。これはそれまで一切なかったものです（表16）。従来、段階補正は小規模町村だと最大限8倍強の基準財政需要額の割増しがおこなわれていましたが、1998年から2.5ないし3倍程度に割り増し限度額が設定され、これが年々他の行政費目にまで拡大してきたため、この影響が小規模自治体の交付税の減につながったと考えられます。

全国の人口4000人未満の町村の交付税を1997年と2000年で比較してみますと、人口規模2700人以下の町村の交付税の減額がおこなわれたことがわかります（表17）。つまり、2700人以上のところは測定単位である人口は減っていますが、交付税は減っていません。したがって、町村全体が交付税が減ったということを理由に合併に動き出す数字的な根拠は一切ないということです。人口規模2700人以下の小規模自治体では交付税が明確に減額されていますので、その是非は別にしてそれをきっかけに合併しようかという議論をすることには理由がありますが、それ以上の町村全体でそういう方向に走り出す数字的な根拠はないということです。この点は個別の自治体での検証をお願いしたいと思います。

ただ、2001年から始まった第二次段階補正の3年間で基準財政需要額の2000億円カットの影響がどうかというのは、これからあらためて検証していかないと正確なことはここではいえません。

問題が一つ残っているのは、段階補正の割増し限度額をおよそ3倍程度に抑え込んだことです。実は都道府県にも段階補正はあります。市町村は人口10万人を基準にして、それを超えると割落しになり、下回ると割増しになります。都道府県は人口170万人を基準にして、それを超えると割落しになり、下回ると割増しになります。例えば鳥取県は人口60万人程度ですので、警察費の段階補正ではだいたい割増し率が3倍ちょっとになっています。今の段階補正の見直しは都道府県並みの水準に見直しをしたという感じになるかと思います。「中間報告」では今後さらに市町村の財政措置を見直すとしていますが、今以上にやるとなりますと、今度は都道府県の段階補正も見直していくということになります。

ですから、都道府県も、段階補正の見直しは小規模町村のことだからいいということには今後はなりません。都道府県自身の段階補正の見直しに手がかかってくる可能性もありますので、ぜひその点は町村の皆さんと一緒になって議論をしていただきたいと思います。

図８　合併による普通交付税の変化（合併算定替と一本算定の比較）

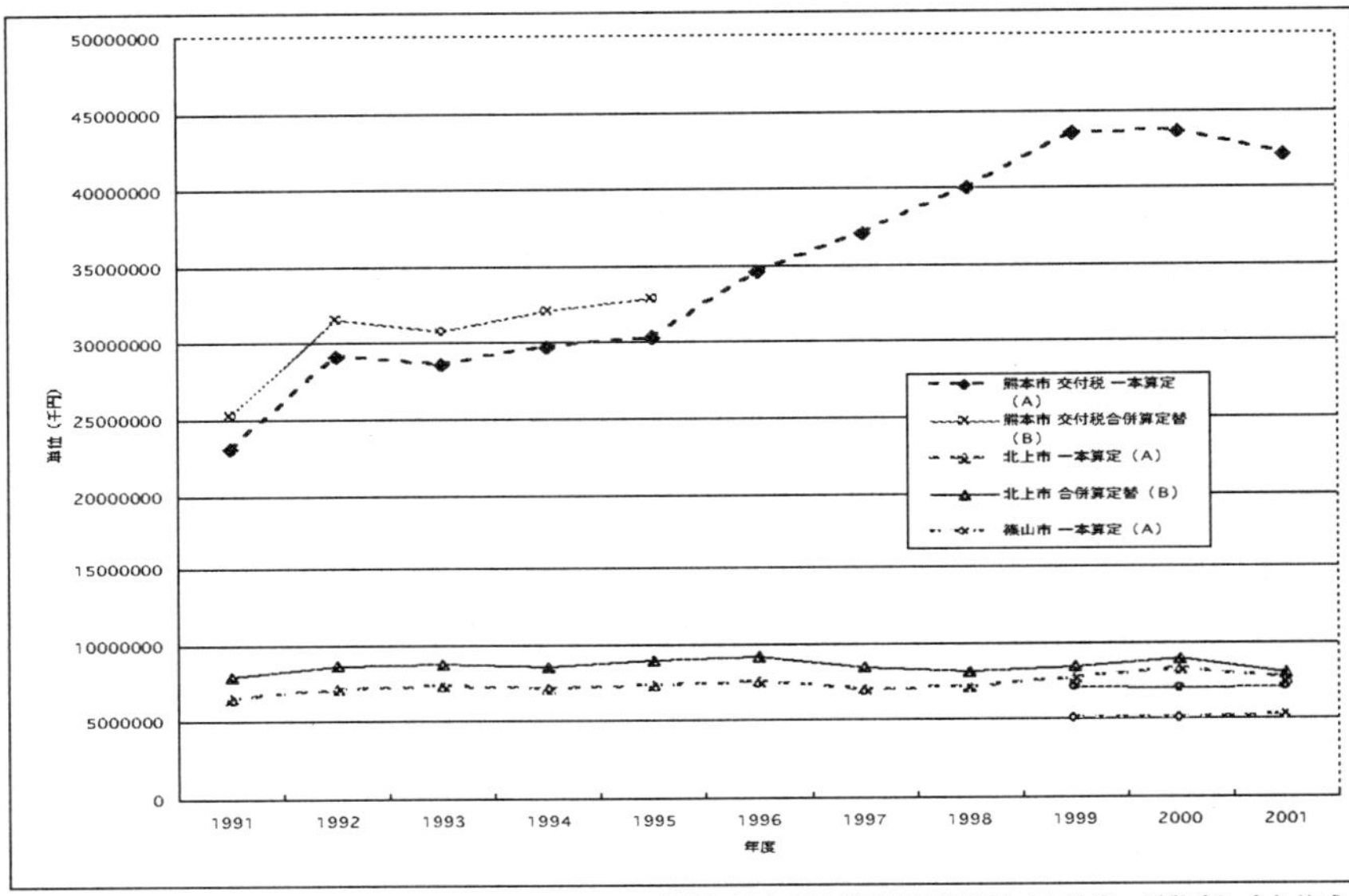

出所）地方交付税関係計数資料（自治省、総務省）より作成

3　合併算定替えと一本算定

合併して15年間は、交付税の算定において合併算定替えの特例があり、合併前の市町村を前提に普通交付税の計算を行い（合併前の市町村の交付税をそのまま保障するものではない）、15年後に一本算定に移行します。それを熊本市、北上市、篠山市の例でみてみます（図8）。熊本市は合併して中核市になったため、保健所等の基準財政需要額が伸び、結果として交付税が合併算定替えの特例終了後も伸びています。北上市は、

合併して企業誘致に成功したため、基準財政収入額が増えたため、交付税は減少してきています。この事例は総務省も推奨していますが、東北新幹線の駅ができた、東北縦貫道に面しているなどの好条件があったなどによるもので、どこでもこういうわけにはいきません。篠山市は、合併算定替えと一本算定の格差が同じように開いたまま続いております。地方圏の市町村同士の合併はこの篠山市の事例に近寄っていく可能性があります。合併算定替えの特例終了後には、一本算定に移行して交付税の激減が予測されます。

Ⅳ　「三位一体改革」と税源移譲

1　4兆円の補助金廃止と税源移譲

政府は6月27日、「経済財政運営と構造改革に関する基本方針」を閣議決定し、その中で三位一体改革について、4兆円の国庫補助負担金の廃止（公共事業補助金も含む）、税源移譲、交付税の見直しなどを決めました。ただし廃止対象の国庫補助負担金は明示されず、税源移譲も義務的経費は100％移譲、投資的経費は80％移譲という条件が付きました。また基幹税の移譲は書き込まれましたが、所得税、消費税などは明示されませんでした。

国庫補助負担金を削減すれば、それに必要な分の所得税等もいらなくなりますので、それにリンクしている交付税も減ってくることになります。所得税の32％は、消費税の29・5％は交付税ですから、補助金削減によって所得税、消費税が減税されると、交付税も削減されるわけです。これが「三位一体改革」の意味で、税源移譲して少しは自治体が交付税に依存する度合いを低くしていこう、自治体の自主性を高めていこうという趣旨です。したがって、交付税も全廃して、補助金も全廃してすべて自由化して自治体間競争でやるのだということではありません。交付税に対する依存度を少し下げて、不交付団体になるところを都市を中心に少し増やして、自立性を高めていこうという趣旨なわけです。

都市部の自治体では税源移譲により地方税が増収になりますが、地方圏の自治体では地方税も増えますが、補助金分がなくなりますので、一般財源全体としてみた場合、従来と比べて変わりはありません。むしろ補助金削減分が地方税の増税分でカバーされない場合が出てくる可能性があります。その場合は、交付税による財源保障・財政調整が必要になります。合併如何にかかわらず補助金廃止と税源移譲が行われるため、廃止される補助金の種類、税源移譲の税目が明らかになった段階で、各自治体でのシミュレーションが必要になってくると思います。義務教育の補助金廃止なら都道府県重視の税源移譲、保育所等の補助金廃止なら市町村重視の税源移譲、公共事業の補助金廃止なら都道府県、市町村の双方への税源移譲になります。

2　片山プランによる地方財政計画・交付税の縮小

片山総務大臣は、片山プランを出し、①地方単独事業は2003年度から4年間で3兆円削減、②一般行政経費の地方単独事業は2006年まで現行水準に抑制、③給与関係費は職員数を2006年度までに4年間で4万人以上削減、④国庫補助負担金事業規模の抑制、内容の重点化など地方財政計画の抑制を行うとしています。地方財政計画の抑制は、当然、交付税の抑制などに跳ね返ってきます。この片山プランの内容は、自治体財政をバブル前の水準に戻していこうとしているように考えられます（図9、図10）。ただし地方財政計画と自治体決算の乖離を見てみますと、自治体は今財政危機の折り、公債費比率、公債費負担比率の上昇によって、補助事業だけではなく、地方単独事業についても事業実施が困難となりつつあり、計画額より決算額が下回っています（図11）。地方財政計画の縮小はこれを踏まえて行っているので、地方財政への直撃的影響はそれほどではないと考えられます。しかしいずれにしろ合併如何に関わらず中期的には厳しい地方

図9　地財計画の主要歳出の推移

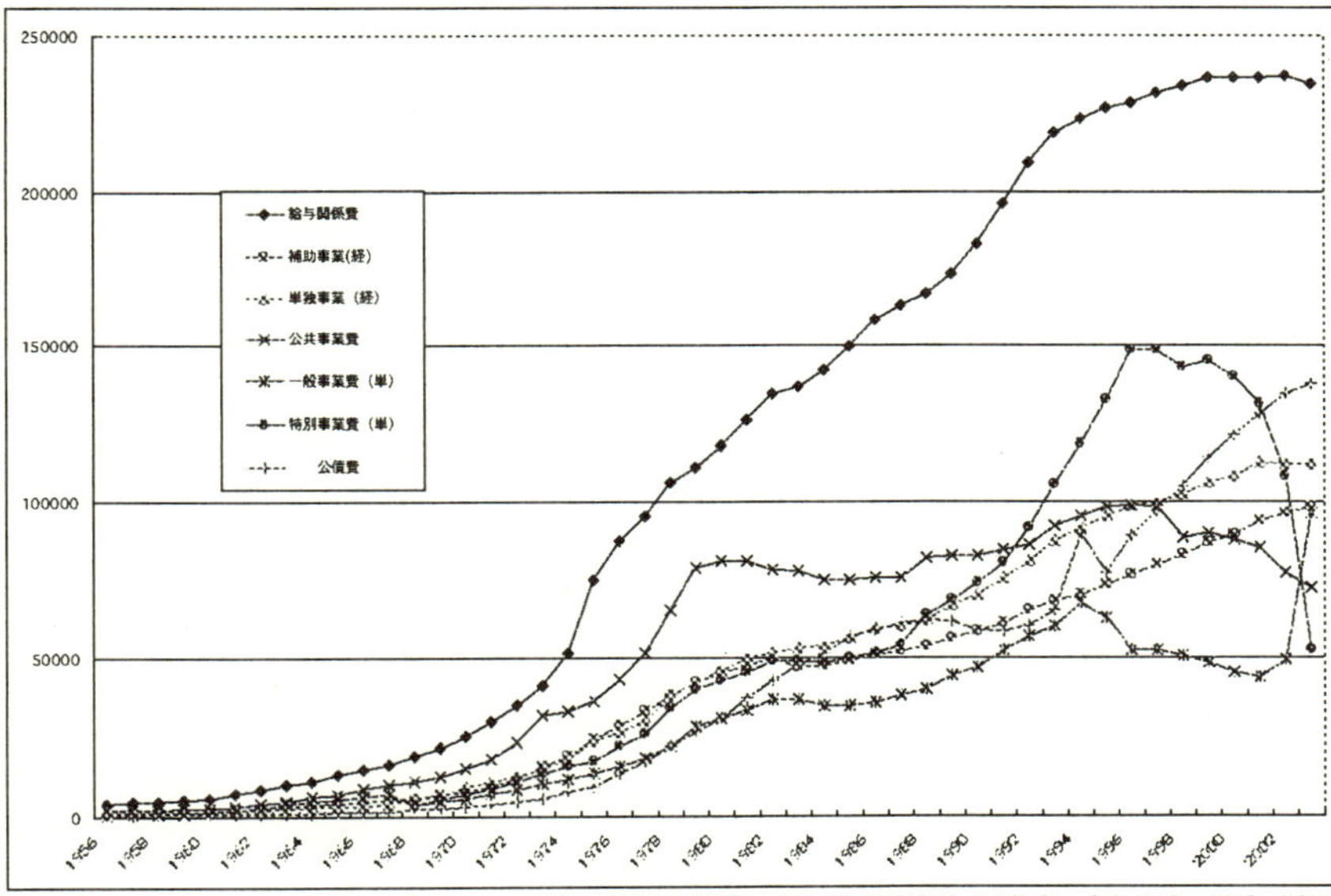

出所）地方財政要覧、毎年度地財計画（総務省）より作成、単位／億円

財政運営が予測されます。

3　交付税制度廃止の動き

最後に、地方分権推進改革会議のいわゆる「水口試案」（5月14日）の交付税廃止論に触れておきたいと思います。この試案では、現在の交付税を「地方共同税」と「財政調整交付金」の二つに分けて、「地方共同税」は国税5税を課税標準として、当面国が徴収するが（都道府県からの徴収委託の形式）、都道府県税として設計するというものです。法定5税分は12・6兆円あります。

「財政調整交付金」分は交付税特会の借入金の加算とか臨時財政対策債などの加算分で約7兆円あります。まずこれを二つに便宜的に分けていることが問題です。財政調整交付金分は本来は交付税の引き上げに吸収されるべきものを国の財政事情を考慮して暫定的に特例加算として残しているに過ぎないのです。

また「地方共同税」の配分方法は基本的に歳入調整にするとしています。つまり、基準財政需要額で一定の行政水準を設定して、基準財政収入額との見合いで、財源が不足した分については保障するという現行の交付税制度を基本的に廃止するということになります。

図10　地財計画の主要歳入の推移

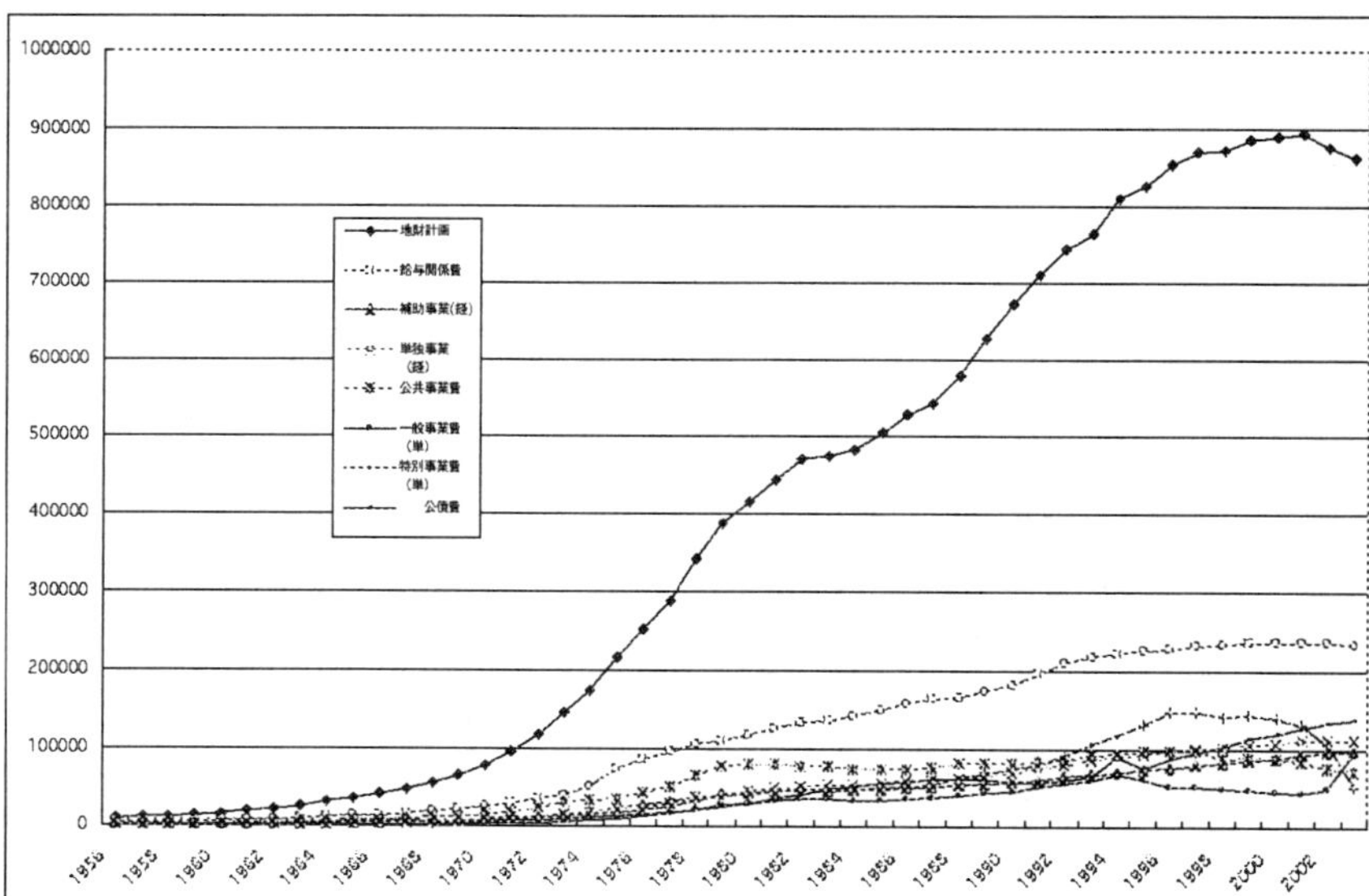

出所）地方財政要覧、毎年度地財計画（総務省）より作成、単位／億円

「財政調整交付金」は、暫定的に初年度の額を基準に配分して、将来これについては存廃を検討していくとしています。

この「水口試案」は、地方財政対策と地方財政計画によって地方の一定の行政水準を設定しながら、それとの見合いで不足する財源を交付税と地方債で補てんするという現行の交付税の財源保障と財政調整のシステムを根本から廃止しようとするものです。具体的には、地方財政対策も廃止し、地方財政計画も自治体の歳入歳出面のマクロの数字の出入りを検証するだけの役割にとどめるとしています。

ドイツ連邦制国家の「共同税」と「水

図 11　地財計画と自治体決算の乖離（決算 - 計画）／単位・億円

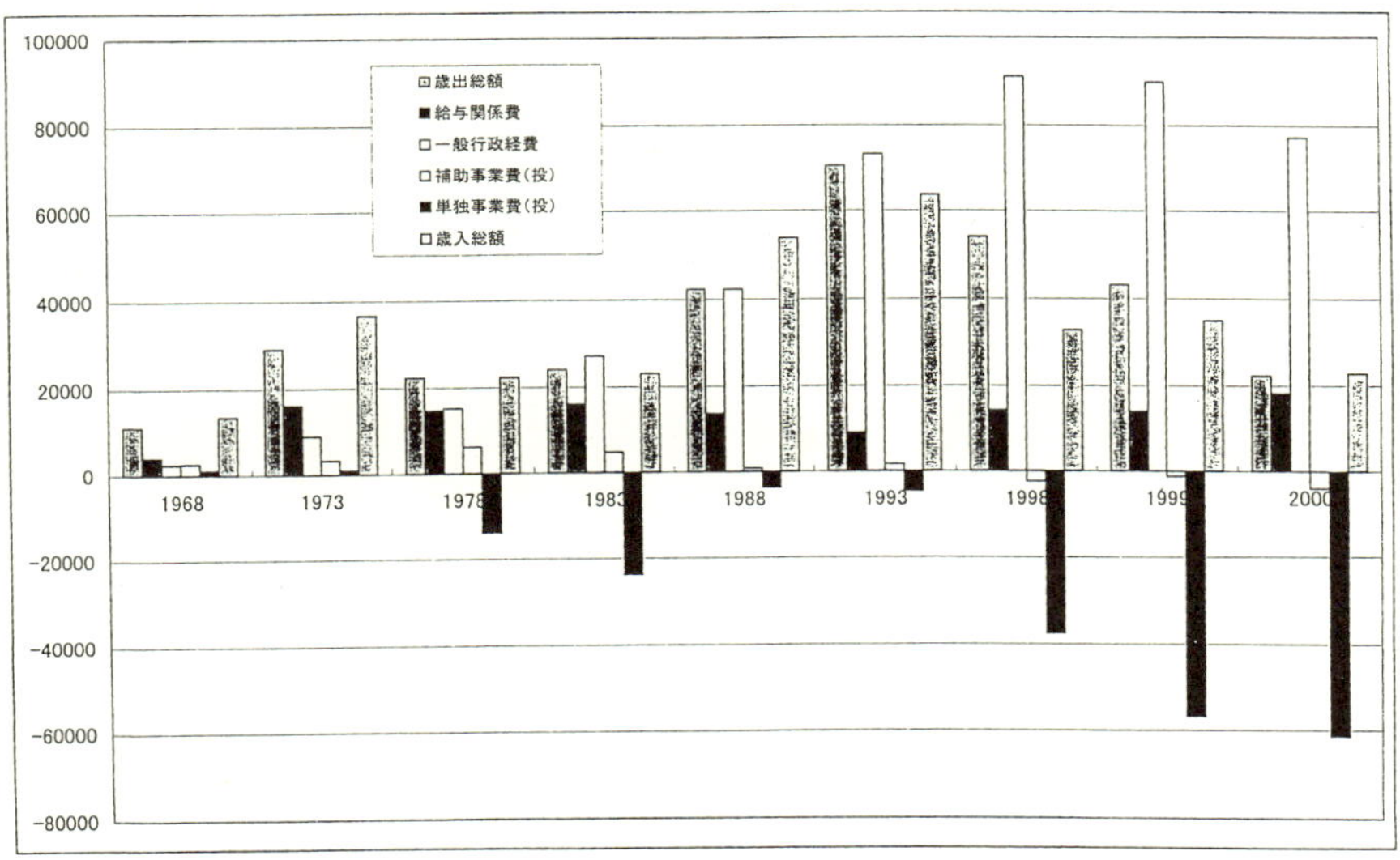

出所）地方財政要覧（総務省）より作成

平的財政調整」をつまみ食いにしたような提案になっていますが、「地方共同税」と「共同税」は全く比較になりませんし、ドイツでは垂直的財政調整、水平的財政調整の双方があります。もし「地方共同税」でやるのなら、現在の交付税総額分約18兆円の国税分を全部減税して、その分すべてを都道府県、市町村に税源移譲して、地方主導の水平的な財政調整制度に切り替えていくというのであれば議論の余地も出てきますが、水口試案ではどうにもなりません。特に「地方共同税」は定率税率にして、当面は現行制度の12・6兆円は保障するが、今後経済変動とか税制改正があってそれによって地方税が減税されて「地方共同税」が減っても、それは補てんしないとしていますが、現行交付税制度では地方財源不足が10％、3年続く場合には地方交付税率の引き上げ、あるいは地方行財政制度の改正をおこなうことになっており、そういう面から見ても、問題になりません。

それから、人口と面積で配分するというのも到底不可能で、私が試算した数字があります（**表18**）。人口で配分すると、東京都を中心に人口が集中しているところに交付税を配分することになります。これは理論的には阻止できません。それから面積で配分すると、北海道を中心に面積が広いところに当然集中していきます。これも理論的には阻止できません。次に今度は、住民税の全国平均を基準に配分しようという議論もありますが、これでシミュレーションしてみても、愛知県とか東京都などいくつかが全国平均を超えるだけで、あとはほとんど全国平均以下です。つまり、愛知県とか東京都の住民が他の自治体に自ら住民税を回すことについて合意できるのか、あるいは他の自治体に回すために自らの住民税の税率を引き上げることに同意できるのかという話になってきます。全国平均以下の部分だけ補てんするということは、地方共同税額が交付税額と比較しても大幅に低下します。いずれにしても、「地方共同税」は現在の事務の配分に応じなくなっていく可能性があり、特に加算分の廃止によって、地方財源不足になります。国が法令等で地方に義務付けている事務が約7割ですが、水口試案はそれをそのままにしておいて、足りない財源は「地方共同税」と地方税でやっていけということですから、地方への負担転嫁になります。

現行の交付税では地方財政法により、国庫負担金が入っている経費については優先的に交付税の基準財政需要額に算入するという規定があります。したがって、義務教育の教職員の給与を国と都道府県で半分ずつ負担していて、都道府県の負担分は全額最優先で交付税の基準財政需要額に算入されているわけですが、この補助金の裏負担分の交付税算入も全廃するといっているので、現在の事務配分の実態からいうと到底自治体では事務をこなせなくなってしまうことは明らかです。

この水口試案はさすがに政府の決定した三位一体改革の基本方針からは削除されましたが、塩

地方税(千円)	1人あたり地方税（円）	1人あたり地方税の全国平均との差(円)	全国平均の差で配分した交付税（千円）	現行の地方交付税(千円)
629, 622, 505	110, 941	-27, 059	-153, 570, 137	862, 147, 492
142, 247, 657	95, 020	-42, 980	-64, 343, 311	287, 391, 588
141, 564, 276	99, 567	-38, 433	-54, 643, 572	293, 769, 118
269, 659, 934	114, 887	-23, 113	-54, 248, 974	234, 195, 775
114, 163, 637	95, 330	-42, 670	-51, 100, 471	272, 155, 021
125, 205, 807	100, 861	-37, 139	-46, 102, 425	242, 704, 937
246, 577, 024	115, 580	-22, 420	-47, 831, 624	284, 713, 024
	116, 566	-21, 434	-64, 208, 367	249, 947, 277
349, 182, 087	125, 718	-12, 282	-24, 603, 582	198, 403, 416
251, 849, 472	122, 682	-15, 318	-30, 938, 520	193, 442, 739
247, 783, 668	101, 410	-36, 590	-252, 406, 580	325, 054, 327
699, 547, 642	107, 224	-30, 776	-182, 207, 370	297, 089, 954
634, 807, 554	361, 034	223, 034	2, 635, 999, 586	
4, 267, 000, 196	117, 227	-20, 773	-175, 027, 926	257, 164, 457
987, 730, 128				
	112, 642	-25, 358	-62, 810, 039	350, 124, 996
279, 002, 161	118, 849	-19, 151	-21, 533, 565	188, 226, 905
133, 635, 567	126, 490	-11, 510	-13, 542, 870	178, 498, 501
148, 828, 068	140, 664	2, 664	2, 205, 666	170, 509, 813
116, 475, 048				
	124, 319	-13, 681	-12, 122, 143	173, 864, 448
110, 156, 483	125, 118	-12, 882	-28, 397, 374	286, 477, 094
275, 823, 350	119, 160	-18, 840	-39, 747, 901	239, 229, 604
251, 405, 051	134, 611	-3, 389	-12, 757, 828	214, 061, 803
506, 681, 624	152, 645	14, 645	101, 563, 597	162, 227, 217
1, 058, 597, 875	126, 852	-11, 148	-20, 723, 416	207, 404, 316
235, 803, 404				
	127, 323	-10, 677	-14, 249, 898	160, 990, 174
169, 927, 800	120, 709	-17, 291	-44, 319, 210	215, 293, 020
309, 403, 080	134, 754	-3, 246	-28, 011, 186	314, 956, 420
1, 162, 735, 752	109, 784	-28, 216	-156, 244, 820	425, 090, 596
607, 911, 550	94, 233	-43, 767	-63, 398, 051	190, 318, 461
136, 499, 503	98, 629	-39, 371	-42, 820, 554	218, 485, 662
107, 270, 178				
	107, 320	-30, 680	-18, 932, 085	172, 568, 864
66, 224, 679	103, 985	-34, 015	-25, 924, 281	228, 487, 241
79, 251, 591	111, 620	-26, 380	-51, 640, 505	240, 022, 078
218, 498, 497	115, 190	-22, 810	-65, 515, 402	267, 737, 179
330, 847, 646	114, 901	-23, 099	-35, 316, 615	228, 939, 791
175, 677, 657				
	115, 344	-22, 656	-18, 832, 585	193, 383, 388
95, 878, 673	119, 802	-18, 198	-18, 802, 972	158, 183, 855
123, 785, 252	101, 593	-36, 407	-54, 932, 185	228, 328, 276
153, 288, 011	94, 536	-43, 464	-35, 547, 928	224, 038, 066
77, 317, 994				
	107, 210	-30, 790	-153, 309, 860	358, 762, 617
533, 823, 466	108, 163	-29, 837	-26, 335, 084	184, 817, 651
95, 469, 098	82, 025	-55, 975	-85, 495, 872	283, 573, 491
125, 285, 052	93, 527	-44, 473	-83, 182, 549	279, 500, 238
174, 934, 859	98, 595	-39, 405	-48, 642, 163	237, 694, 375
121, 709, 039	90, 623	-47, 377	-56, 119, 479	238, 711, 158
107, 346, 351	91, 945	-46, 055	-82, 126, 558	331, 154, 886
163, 959, 320	71, 753	-66, 247	-88, 381, 860	233, 028, 632
95, 726, 976				11, 782, 869, 941
7, 456, 122, 242	138, 000			93
138				31, 187

出所）2002 年度地方財政統計年報（総務省）より作成

表18　地方交付税の人口、面積、地方税１人あたり平均（垂直、水平調整）による配分結果（都道府

都道府県名	人口(人)	人口配分の交付税(千円)	現行の交付税との差(千円)	面積(k㎡)	面積配分の交付税(千円)	現行の交付税との差(千円
1 北海道	5,675,309	527,803,737	-334,343,755	83,453.04	2,602,649,958	1,740,502,46
2 青森県	1,497,036	139,224,348	-148,167,240	9,606.33	299,592,614	12,201,02
3 岩手県	1,421,796	132,227,028	-161,542,090	15,278.40	476,487,461	182,718,34
4 宮城県	2,347,166	218,286,438	-15,909,337	7,285.07	227,199,478	-6,996,29
5 秋田県	1,197,566	111,373,638	-160,781,383	11,612.11	362,146,875	89,991,85
6 山形県	1,241,364	115,446,852	-127,258,085	9,323.34	290,767,005	48,062,06
7 福島県	2,133,396	198,405,828	-86,307,196	13,782.48	429,834,204	145,121,18
8 茨城県	2,995,583	278,589,219	28,641,942	6,095.58	190,102,853	-59,844,42
9 栃木県	2,003,283	186,305,319	-12,098,097	6,408.28	199,855,028	1,451,61
10 群馬県	2,019,726	187,834,518	-5,608,221	6,363.16	198,447,871	5,005,13
11 埼玉県	6,898,219	641,534,367	316,480,040	3,797.25	118,424,836	-206,629,49
12 千葉県	5,920,398	550,597,014	253,507,060	5,156.09	160,802,979	-136,286,97
13 東京都	11,818,845	1,099,152,585		2,187.05	68,207,528	
14 神奈川県	8,425,783	783,597,819	526,433,362	2,415.41	75,329,392	-181,835,06
15 新潟県	2,476,900	230,351,700	-119,773,296	12,582.37	392,406,373	42,281,37
16 富山県	1,124,414	104,570,502	-83,656,403	4,247.22	132,458,050	-55,768,85
17 石川県	1,176,601	109,423,893	-69,074,608	4,185.22	130,524,456	-47,974,04
18 福井県	828,039	77,007,627	-93,502,186	4,188.75	130,634,546	-39,875,26
19 山梨県	886,077	82,405,161	-91,459,287	4,465.37	139,261,494	-34,602,95
20 長野県	2,204,498	205,018,314	-81,458,780	13,585.22	423,682,256	137,205,16
21 岐阜県	2,109,804	196,211,772	-43,017,832	10,598.18	330,525,440	91,295,83
22 静岡県	3,764,054	350,057,022	135,995,219	7,779.46	242,618,019	28,556,21
23 愛知県	6,935,031	644,957,883	482,730,666	5,155.84	160,795,182	-1,432,03
24 三重県	1,858,890	172,876,770	-34,527,546	5,776.40	180,148,587	-27,255,72
25 滋賀県	1,334,621	124,119,753	-36,870,421	4,017.36	125,289,406	-35,700,76
26 京都府	2,563,205	238,378,065	23,085,045	4,612.94	143,863,760	-71,429,26
27 大阪府	8,628,601	802,459,893	487,503,473	1,892.86	59,032,625	-255,923,79
28 兵庫県	5,537,365	514,974,945	89,884,349	8,392.03	261,722,240	-163,368,35
29 奈良県	1,448,533	134,713,569	-55,604,892	3,691.09	115,114,024	-75,204,43
30 和歌山県	1,087,614	101,148,102	-117,337,560	4,725.55	147,375,728	-71,109,93
31 鳥取県	617,078	57,388,254	-115,180,610	3,507.17	109,378,111	-63,190,75
32 島根県	762,144	70,879,392	-157,607,849	6,707.29	209,180,253	-19,306,98
33 岡山県	1,957,529	182,050,197	-57,971,881	7,112.13	221,805,998	-18,216,08
34 広島県	2,872,196	267,114,228	-622,951	8,476.95	264,370,640	-3,366,53
35 山口県	1,528,944	142,191,792	-86,747,999	6,110.45	190,566,604	-38,373,18
36 徳島県	831,241	77,305,413	-116,077,975	4,145.10	129,273,234	-64,110,15
37 香川県	1,033,248	96,092,064	-62,091,791	1,875.88	58,503,070	-99,680,78
38 愛媛県	1,508,842	140,322,306	-88,005,970	5,676.22	177,024,273	-51,304,00
39 高知県	817,869	76,061,817	-147,976,249	7,104.66	221,573,031	-2,465,03
40 福岡県	4,979,227	463,068,111	104,305,494	4,971.01	155,030,889	-203,731,72
41 佐賀県	882,639	82,085,427	-102,732,224	2,439.23	76,072,266	-108,745,38
42 長崎県	1,527,398	142,048,014	-141,525,477	4,092.44	127,630,926	-155,942,56
43 熊本県	1,870,416	173,948,688	-105,551,550	7,403.68	230,898,568	-48,601,67
44 大分県	1,234,429	114,801,897	-122,892,478	6,337.97	197,662,270	-40,032,10
45 宮崎県	1,184,535	110,161,755	-128,549,403	7,734.40	241,212,733	2,501,57
46 鹿児島県	1,783,231	165,840,483	-165,314,403	9,186.71	286,505,925	-44,648,96
47 沖縄県	1,334,122	124,073,346	-108,955,286	2,271.30	70,835,033	-162,193,59
合　計	126,284,805			377,812.04		
人口1人あたり額						
1k㎡あたり額						

注1）人口は，2001年３月31日現在の住民基本台帳人口。
注2）面積は国土交通省国土地理院が公表した2000年10月１日現在。
注3）地方税、地方交付税(特別交付税を含む）は、2000年度決算の数値。

川財務大臣は、財務省内に「交付税改革の研究会」を設置して1年間研究していくとしていますので、いずれ交付税廃止論が復活してくる可能性があります。こうなれば市町村合併などを悠長に議論している暇は全くありません。一部を除いてほとんどすべての自治体の存亡に関わる話になってきます。

おわりに

今回の合併は経済学でいう「合成の誤謬」であると指摘する方がいます。これはある自治体が合併にそれなりの意義を見いだして合併を推進することは合理的であるとしても、すべての自治体が同じように合併を推進すると自治体というのはなくなってしまうか、集権制が強化されてしまうという誤謬に陥ってしまうということにも解釈できます。

私は今回の合併に熱心な人々の間には、合併と地方財政制度、とくに交付税制度との関係についての錯覚や誤謬に基づくものが多く見られ「誤謬の合成」といった方がよいような事態になっているのではないかと思われます。国・地方の未曾有の財政危機の折りですが、「貧すれば鈍する」に陥らず、こういうときこそ町村の人々の英知を集めてこの難局を乗り切っていただきたいと思うわけです。

（本稿は、二〇〇三年七月十九日、北海学園大学三号館四一番教室で開催された地方自治土曜講座での講義記録に一部補筆したものです。）

刊行のことば

「時代の転換期には学習熱が大いに高まる」といわれています。今から百年前、自由民権運動の時代、福島県の石陽館など全国各地にいわゆる学習結社がつくられ、国会開設運動へと向かう時代の大きな流れを形成しました。学習を通じて若者が既成のものの考え方やパラダイムを疑い、革新することで時代の転換が進んだのです。

そして今、全国各地の地域、自治体で、心の奥深いところから、何か勉強しなければならない、勉強する必要があるという意識が高まってきています。

北海道の百八十の町村、過疎が非常に進行していく町村の方々が、とかく絶望的になりがちな中で、自分たちの未来を見据えて、自分たちの町をどうつくり上げていくかを学ぼうと、この「地方自治土曜講座」を企画いたしました。

この講座は、当初の予想を大幅に超える三百数十名の自治体職員等が参加するという、学習への熱気の中で開かれています。この企画が自治体職員の心にこだまし、これだけの参加になった。これは、事件ではないか、時代の大きな改革の兆しが現実となりはじめた象徴的な出来事ではないかと思われます。

現在の日本国憲法は、自治体をローカル・ガバメントと規定しています。しかし、この五十年間、明治の時代と同じように行政システムや財政の流れは、中央に権力、権限を集中し、都道府県を通じて地方を支配、指導するという流れが続いておりました。まさに「憲法は変われど、行政の流れ変わらず」でした。しかし、今、時代は大きく転換しつつあります。そして時代転換を支える新しい理論、新しい「政府」概念、従来の中央、地方に替わる新しい政府間関係理論の構築が求められています。

この講座は知識を講師から習得する場ではありません。ものの見方、考え方を自分なりに受け止めてもらう。そして是非、自分自身で地域再生の自治体理論を獲得していただく、そのような機会になれば大変有り難いと思っています。

「地方自治土曜講座」実行委員長
北海道大学法学部教授　森　啓

（一九九五年六月三日「地方自治土曜講座」開講挨拶より）

著者紹介

高木　健二（たかぎ　けんじ）
地方自治総合研究所研究員
（専門分野）地方財政論、地方自治論
1944年9月29日生まれ。早稲田大学第一文学部中退。

［主な著書］
「分権改革の到達点」（敬文堂・1999年）、「交付税改革」（敬文堂・2002年10月）、「公的年金課税の動向とあり方」、「21世紀初頭の政策課題と税制改正」（（財）地方自治総合研究所・2002年10月）、「市町村合併と交付税」、「地方財政レポート’02」（（財）地方自治総合研究所・2002 10月）、その他、論文・レポート多数。
「交付税改革」は、第29回藤田賞を受賞（2003年7月23日）。

地方自治土曜講座ブックレットNo. 93
市町村合併の財政論

２００３年　８月２９日　初版発行　　　定価（本体８００円＋税）
２００３年１２月　１日　第２刷発行

著　者　　高木　健二
企　画　　北海道町村会企画調査部
発行人　　武内　英晴
発行所　　公人の友社
〒112-0002　東京都文京区小石川５－２６－８
ＴＥＬ０３－３８１１－５７０１
ＦＡＸ０３－３８１１－５７９５
Ｅメール koujin@alpha.ocn.ne.jp
http://www.e-asu.com/koujin/

公人の友社のブックレット一覧

（03.8.25現在）

「地方自治土曜講座」ブックレット

《平成7年度》

No.1
現代自治の条件と課題
神原勝　900円

No.2
自治体の政策研究
森啓　600円

No.3
現代政治と地方分権
山口二郎　［品切れ］

No.4
行政手続と市民参加
畠山武道　［品切れ］

No.5
成熟型社会の地方自治像
間島正秀　500円

No.6
自治体法務とは何か
木佐茂男　［品切れ］

No.7
自治と参加アメリカの事例から
佐藤克廣　［品切れ］

No.8
政策開発の現場から
小林　勝彦・大石和也・川村喜芳
［品切れ］

《平成8年度》

No.9
まちづくり・国づくり
五十嵐広三・西尾六七　500円

No.10
自治体デモクラシーと政策形成
山口二郎　500円

No.11
自治体理論とは何か
森啓　600円

No.12
池田サマーセミナーから
間島正秀・福士明・田口晃　500円

No.13
憲法と地方自治
中村睦男・佐藤克廣　500円

No.14
まちづくりの現場から
斎藤外一・宮嶋望　500円

No.15
環境問題と当事者
畠山武道・相内俊一　［品切れ］

No.16
情報化時代とまちづくり
千葉純・笹谷幸一　［品切れ］

No.17
市民自治の制度開発
神原勝　500円

《平成9年度》

No.18
行政の文化化
森啓　600円

No.19
政策法学と条例
阿倍泰隆　［品切れ］

No.20
政策法務と自治体
岡田行雄　［品切れ］

No.21
分権時代の自治体経営
北良治・佐藤克廣・大久保尚孝
600円

No.22
地方分権推進委員会勧告とこれからの地方自治
西尾勝　500円

No.23
産業廃棄物と法
畠山武道　［品切れ］

No.25
自治体の施策原価と事業別予算
小口進一　600円

No.26
地方分権と地方財政
横山純一　［品切れ］

《平成10年度》

No.27
比較してみる地方自治
田口晃・山口二郎　［品切れ］

No.28
議会改革とまちづくり
森啓　400円

No.29
自治の課題とこれから
逢坂誠二　［品切れ］

No.30
内発的発展による地域産業の振興
保母武彦　600円

No.31
地域の産業をどう育てるか
金井一頼　600円

No.32
金融改革と地方自治体
宮脇淳　600円

No.33
ローカルデモクラシーの統治能力
山口二郎　400円

No.34
政策立案過程への「戦略計画」手法の導入
佐藤克廣　500円

No.35
９８サマーセミナーから「変革の時」の自治を考える
神原昭子・磯田憲一・大和田建太郎　600円

No.36
地方自治のシステム改革
辻山幸宣　400円

No.37
分権時代の政策法務
礒崎初仁　600円

No.38
地方分権と法解釈の自治
兼子仁　400円

No.39
市民的自治思想の基礎
今井弘道　500円

No.40
自治基本条例への展望
辻道雅宣　500円

No.41
少子高齢社会と自治体の福祉法務
加藤良重　400円

《平成11年度》

No.42
改革の主体は現場にあり
山田孝夫　900円

No.43
自治と分権の政治学
鳴海正泰　1,100円

No.44
公共政策と住民参加
宮本憲一　1,100円

No.45
農業を基軸としたまちづくり
小林康雄　800円

No.46
これからの北海道農業とまちづくり
篠田久雄　800円

No.47
自治の中に自治を求めて
佐藤　守　1,000円

No.48
介護保険は何を変えるのか
池田省三　1,100円

No.49
介護保険と広域連合
大西幸雄　1,000円

No.50
自治体職員の政策水準
森啓　1,100円

No.51
分権型社会と条例づくり
篠原　一　1,000円

No.52
自治体における政策評価の課題
佐藤克廣　1,000円

No.53
小さな町の議員と自治体
室崎正之　900円

No.54
地方自治を実現するために法が果たすべきこと
木佐茂男　[未刊]

No.55
改正地方自治法とアカウンタビリティ
鈴木庸夫　1,200円

No.56
財政運営と公会計制度
宮脇淳　1,100円

No.57
自治体職員の意識改革を如何にして進めるか
林嘉男　1,000円

《平成12年度》

No.58
北海道の地域特性と道州制の展望
神原勝　[未刊]

No.59
環境自治体とＩＳＯ
畠山武道　700円

No.60
転型期自治体の発想と手法
松下圭一　900円

No.61
分権の可能性
―スコットランドと北海道
山口二郎　600円

No.62
機能重視型政策の分析過程と財務情報
宮脇淳　800円

No.63
自治体の広域連携
佐藤克廣　900円

No.64
分権時代における地域経営
見野全　700円

No.65
町村合併は住民自治の区域の変更である。
森啓　800円

No.66
自治体学のすすめ
田村明　900円

No.67
市民・行政・議会のパートナーシップを目指して
松山哲男　700円

No.68
アメリカン・デモクラシーと地方分権
古矢旬　[未刊]

No.69
新地方自治法と自治体の自立
井川博　900円

No.70
分権型社会の地方財政
神野直彦　1,000円

No.71
自然と共生した町づくり宮崎県・綾町
森山喜代香　700円

No.72
情報共有と自治体改革ニセコ町からの報告
片山健也　1,000円

《平成13年度》

No.73
地域民主主義の活性化と自治体改革
山口二郎　600円

No.74
分権は市民への権限委譲
上原公子　1,000円

No.75
今、なぜ合併か
瀬戸亀男　800円

No.76
市町村合併をめぐる状況分析
小西砂千夫　800円

No.77
自治体の政策形成と法務システム
福士明　[未刊]

No.78
ポスト公共事業社会と自治体政策
五十嵐敬喜　800円

No.79
男女共同参画社会と自治体政策
樋口恵子　[未刊]

No.80
自治体人事政策の改革
森啓　800円

《平成14年度》

No.81
自治体とNPOとの関係
田口晃　[未刊]

No.82
地域通貨と地域自治
西部忠　900円

No.83
北海道経済の戦略と戦術
宮脇淳　800円

No.84
地域おこしを考える視点
矢作弘　700円

No.87
北海道行政基本条例論
神原勝　1,100円

No.90
「協働」の思想と体制
森啓　800円

No.91
協働のまちづくり三鷹市の様々な取組みから
秋元政三　700円

《平成15年度》

No.92
シビル・ミニマム再考ベンチマークとマニフェスト
松下圭一　900円

No.93
市町村合併の財政論
高木　健二　800円

No.94
北海道自治のかたち論
神原　勝　[未刊]

「地方自治ジャーナル」ブックレット

No.1
水戸芸術館の実験
森啓・横須賀徹 1,166円 [品切れ]

No.2
政策課題研究の研修マニュアル
首都圏政策研究・研修研究会
1,359円

No.3
使い捨ての熱帯林
熱帯雨林保護法律家リーグ 971円

No.4
自治体職員世直し志士論
村瀬誠　971円

No.5
行政と企業は文化支援で何ができるか
日本文化行政研究会　1,166円

No.6
まちづくりの主人公は誰だ
浦野秀一・野本孝松・松村徹・田中富雄　1,166円　[品切れ]

No.7
パブリックアート入門
竹田直樹　1,166円

No.8
市民的公共と自治
今井照　1,166円

No.9
ボランティアを始める前に
佐野章二　777円

No.10
自治体職員の能力
自治体職員能力研究会　971円

No.11
パブリックアートは幸せか
山岡義典　1,166円

No.12
市民がになう自治体公務
パートタイム公務員論研究会
1,359円

No.13
行政改革を考える
山梨学院大学行政研究センター
1,166円

No.14
上流文化圏からの挑戦
山梨学院大学行政研究センター
1,166円

No.15
市民自治と直接民主制
高寄昇三　951円

No.16
議会と議員立法
上田章・五十嵐敬喜　1,600円

No.17
分権段階の自治体と政策法務
松下圭一他　1,456円

No.18
地方分権と補助金改革
高寄昇三　1,200円

No.19
分権化時代の広域行政
山梨学院大学行政研究センター
1,200円

No.20
あなたのまちの学級編成と地方分権
田嶋義介　1,200円

No.21
自治体も倒産する
加藤良重　1,000円

No.22
ボランティア活動の進展と自治体の役割
山梨学院大学行政研究センター
1,200円

No.23
新版・2時間で学べる「介護保険」
加藤良重　800円

No.24
男女平等社会の実現と自治体の役割
山梨学院大学行政研究センター
1,200円

No.25
市民がつくる東京の環境・公害条例
市民案をつくる会　1,000円

No.26
東京都の「外形標準課税」はなぜ正当なのか
青木宗明・神田誠司　1,000円

No.27
少子高齢化社会における福祉のあり方
山梨学院大学行政研究センター
1,200円

No.28
財政再建団体
橋本行史　1,000円

No.29
交付税の解体と再編成
高寄昇三　1,000円

No.30
町村議会の活性化
山梨学院大学行政研究センター
1,200円

No.31
地方分権と法定外税
外川伸一　800円

No.32
東京都銀行税判決と課税自主権
高寄昇三　1,000円

No.33
都市型社会と防衛論争
松下圭一　900円

No.34
中心市街地の活性化に向けて
山梨学院大学行政研究センター
1,200円

No.35
自治体企業会計導入の戦略
高寄昇三　［9月中旬刊予定］

朝日カルチャーセンター
地方自治講座ブックレット

No.1
自治体経営と政策評価
山本清　1,000円

No.2
ガバメント・ガバナンスと行政評価システム
星野芳昭　1,000円

No.4
政策法務は地方自治の柱づくり
辻山幸宣　1,000円

No.5
政策法務がゆく！
北村喜宣　1,000円

TAJIMI CITY ブックレット

No.2
分権段階の総合計画づくり
松下圭一　400円（委託販売）

No.3
これからの行政活動と財政
西尾勝　1,000円

No.4
構造改革時代の手続的公正と
第2次分権改革
～手続的公正の心理学から
鈴木庸夫　1,000円

No.5
自治体基本条例はなぜ必要か
（仮）
辻山幸宣　［10月中旬刊予定］